보송보송 폼폼
동물 마스코트

이토 카즈코 지음 고심설 옮김

참돌

작가의 말

초등학교 1학년 때, 어머니가 마스코트 인형을 만들 수 있는 책을 사주셨습니다. 그 책을 보며 시간 가는 줄 모르고 인형을 만들곤 했지요. 만드는 동안 느꼈던 즐거움과 설렘, 완성된 작품을 보며 가졌던 만족감을 아직도 생생하게 기억합니다.

시간이 지나 어른이 된 지금, 저는 그때와 같은 마음으로 핸드메이드를 즐기고 있습니다. 마음처럼 되지 않아 속상할 때도 있지만, 시행착오를 반복하며 완성된 작품을 마주했을 때, 말로 표현할 수 없는 기쁨이 밀려옵니다.

이 책에는 40여 개의 폼폼 작품을 실었습니다. 쉬운 작품부터 다소 어려운 작품까지 다양하지요. 인테리어 소품으로도, 아이들 장난감으로도, 소중한 사람을 위한 선물로도 그만입니다.

작품을 만드는 동안 여러분도 저처럼 즐거움과 설렘을 느끼실 수 있을 것입니다. 완성된 폼폼의 앙증맞고 귀여운 모습엔 절로 미소가 지어질 테지요.

자, 여러분도 폼폼의 세계를 마음껏 즐겨보시길 바랍니다.

이토 카즈코

Contents

● 인쇄물의 작품 색은 실제와 다르게 보일 수 있습니다. 양해 부탁드립니다.

토끼

귀가 축 처진 귀여운 토끼.
양모펠트로 만들어진 귀 덕분에
더욱 보드라워 보입니다.
how to make >> p.46

양

보송보송한 털이 매력 포인트!
다리는 양모펠트를 뭉쳐서 만듭니다.
how to make >> p.56

푸들

커다란 눈망울을 가진 푸들.
곱슬곱슬한 털실로 만들어
푸들의 특징을 살렸습니다.

how to make >> p.57

슈나우저

보송한 눈썹이 매력적인 슈나우저.
털실을 단단히 뭉쳐서 만든
커다란 귀가 사랑스럽습니다.

how to make >> p.58

삼색 고양이

분홍색 코가 귀여운 고양이.
얼룩덜룩 예쁜 삼색 무늬는
여러 색상의 털실을 이용했습니다.
how to make >> p.60

갈색 고양이
줄무늬가 특징인 갈색 고양이.
귀를 쫑긋 세워서 만들었습니다.
how to make >> p.60

곰

얼굴도 눈도 귀도 동글동글한 곰.
눈과 코를 가깝게 하면 더욱 깜찍합니다.
how to make >> p.59

사자

풍성한 갈기가 매력적인 사자.
눈매도 날카롭게 표현했습니다.
how to make >> p.62

원숭이

긴 얼굴과 작은 눈을 가진 원숭이.
차분하고 어른스러운 인상을 줍니다.
how to make >> p.63

코끼리

길다란 코가 특징인 코끼리.
모루로 만들어 원하는 대로
움직일 수 있습니다.

how to make >> p.64

하얀 고양이

온 몸이 하얀 털로 덮인 고양이.
귀 안쪽을 분홍색으로 칠하여
사랑스러운 느낌을 더했습니다.

how to make >> p.65

닥스훈트

고개를 갸우뚱하고 선 닥스훈트.
무엇인가를 말하고 있는 듯한
커다란 눈망울이 매력적입니다.

how to make >> p.66

펭귄

뒤뚱거리다 넘어질 것만 같은 펭귄.
동그란 뒷모습이 아장아장 아기 같습니다.

how to make >> p.67

물범

폼폼으로 만들기 쉬운 동그란 물범.
자그마한 까만 눈썹이 귀엽습니다.
how to make >> p.68

열대어

납작한 몸통을 가진 열대어.
줄무늬를 잘 살리는 것이 중요합니다.

how to make >>p.69

복어
불룩한 몸을 지닌 복어.
몸에 비해 작은 입이 특징입니다.
how to make >> p.70

앵무새

오뚝이를 닮은 앵무새.
여러 개를 나란히 놓으면
더욱 귀엽습니다.
how to make >> p.71

개구리

초롱초롱한 눈이 귀여운 개구리.
작은 콧구멍이 포인트입니다.
how to make >> p.72

돼지

짧은 다리로 서있는 돼지.
작은 꼬리가 무척 사랑스럽습니다.
how to make >> p.73

딸기 토끼

딸기 모자를 쓴 토끼.
쫑긋 선 귀가 귀엽습니다.
how to make >> p.74

햄스터

앙증맞은 발이 귀여운 햄스터.
앞발에 꽃을 들어도 좋겠지요?
how to make >> p.75

병아리

포근한 느낌의 샛노란 병아리.
마치 살아있는 듯한 느낌을 줍니다.

how to make >> p.76

햄버거 세트

【햄버거, 브로콜리, 체리, 삶은 달걀】

런치 박스에 담긴 먹음직스러운 햄버거 세트.
햄버거는 실제와 비슷한 크기로 만들었습니다.

how to make >>

p.77 (햄버거), *p.78* (브로콜리), *p.79* (체리), *p.82* (삶은 달걀)

주먹밥 세트

[2가지 주먹밥, 브로콜리, 사과, 소시지, 새우튀김]

추억이 방울방울 떠오르는 아담하고 정겨운 도시락.
검은색 펠트로 김을 간편하게 표현했습니다.

how to make >>
p.80 (2가지 주먹밥), *p.78* (브로콜리), *p.79* (사과),
p.80 (소시지), *p.81* (새우튀김)

라운드 케이크

보기만 해도 달달한 라운드 케이크.
새콤한 체리도 하나 얹었습니다.

how to make >> p.83

컵케이크

부드러운 크림이 맛있어 보이는 컵케이크.
딸기를 올려서 예쁘게 완성했습니다.
how to make >> p.84

아이스크림

싱글과 더블 콘 아이스크림.
파스텔컬러가 돋보입니다.
how to make >> p.85

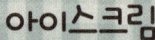

사과 달린 연필

연필에 사과 폼폼을 달았습니다.
연필이 무척 귀여워졌습니다.
how to make >> p.86

계절마다 폼폼

계절에 맞는 폼폼을 만들어볼까요?
창가나 탁자 위에 놓아두기만 해도
계절감을 물씬 느낄 수 있습니다.
폼폼의 중심을 묶은 면실을 길게 늘여
모빌처럼 걸어서 장식해도 좋습니다.

눈 토끼

일본 설 찹쌀떡

New Year

Valentine

하트

Spring

2가지 꽃

(꽃 A)

(꽃 B)

핼러윈 호박

Halloween

how to make >>

일본 설 찹쌀떡 >> *p.87*

2가지 꽃 >> *p.88*

눈 토끼 >> *p.89*

하트 >> *p.89*

핼러윈 호박 >> *p.90*

도구 이 책에서 사용하는 기본적인 도구입니다.

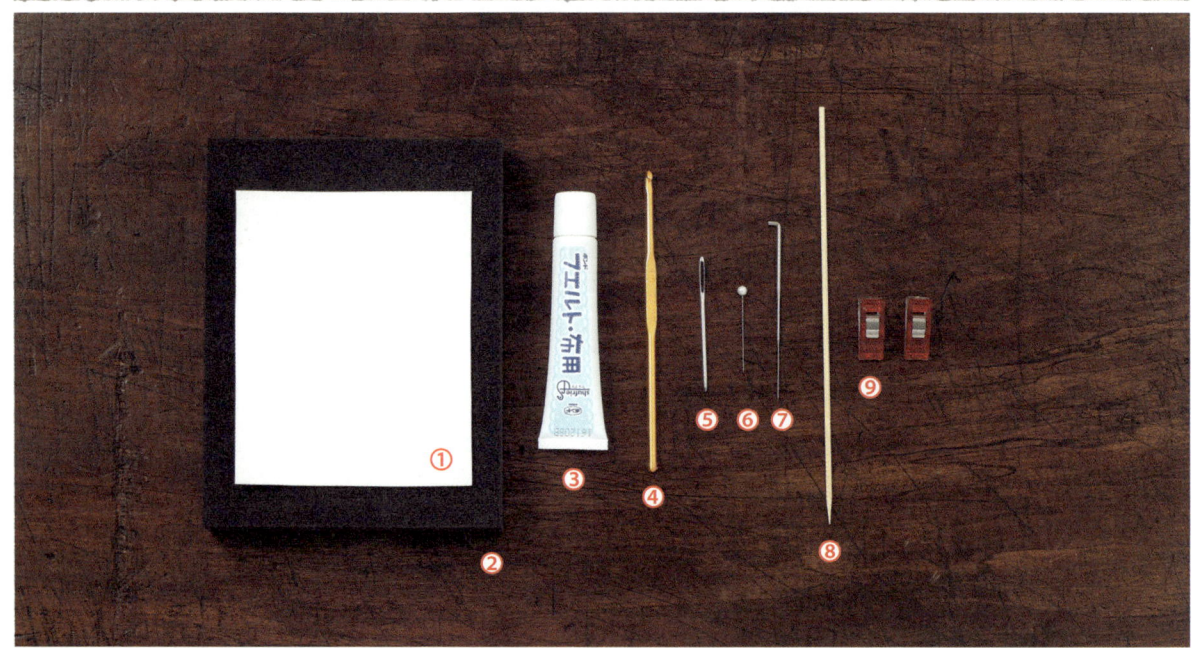

① 두꺼운 종이
귀 같은 작은 폼폼을 만들 때 폼폼메이커 대신 사용합니다. 또 소량의 양모펠트를 바늘로 찔러 단단하게 만들 때 두꺼운 종이에 양모펠트를 끼우면 손을 다칠 염려가 없습니다.

② 펀칭 매트
양모펠트를 펠트용 바늘로 찔러서 뭉칠 때 받침으로 사용합니다.

③ 펠트·원단용 본드
폼폼을 묶은 면실의 매듭을 고정하거나 폼폼에 눈이나 코, 다리 등의 조각을 붙일 때 사용합니다. 수예용 본드를 써도 무방합니다.

④ 코바늘
돗바늘로 연결하기 어려운 큰 폼폼을 연결할 때 사용합니다.

⑤ 털실용 돗바늘
머리나 귀 등을 연결할 때 사용합니다. 면실을 바늘구멍에 꿸 수 있는 굵기를 선택합니다.

⑥ 시침핀
눈이나 코 조각을 붙이기 전 위치를 정하거나 폼폼을 자를 때 정수리 부분을 표시하기 위해 사용합니다.

⑦ 펠트용 바늘
양모펠트를 찔러서 단단하게 뭉칠 때 사용합니다. 귀나 코, 다리를 몸통에 연결할 때도 사용합니다.

⑧ 꼬치
비즈나 매듭 등 작은 부분에 본드를 바를 때 사용합니다.

⑨ 클립
본드를 발라 모양을 만든 펠트 조각을 말릴 때 사용합니다. 작은 빨래집게로 대체해도 무방합니다.

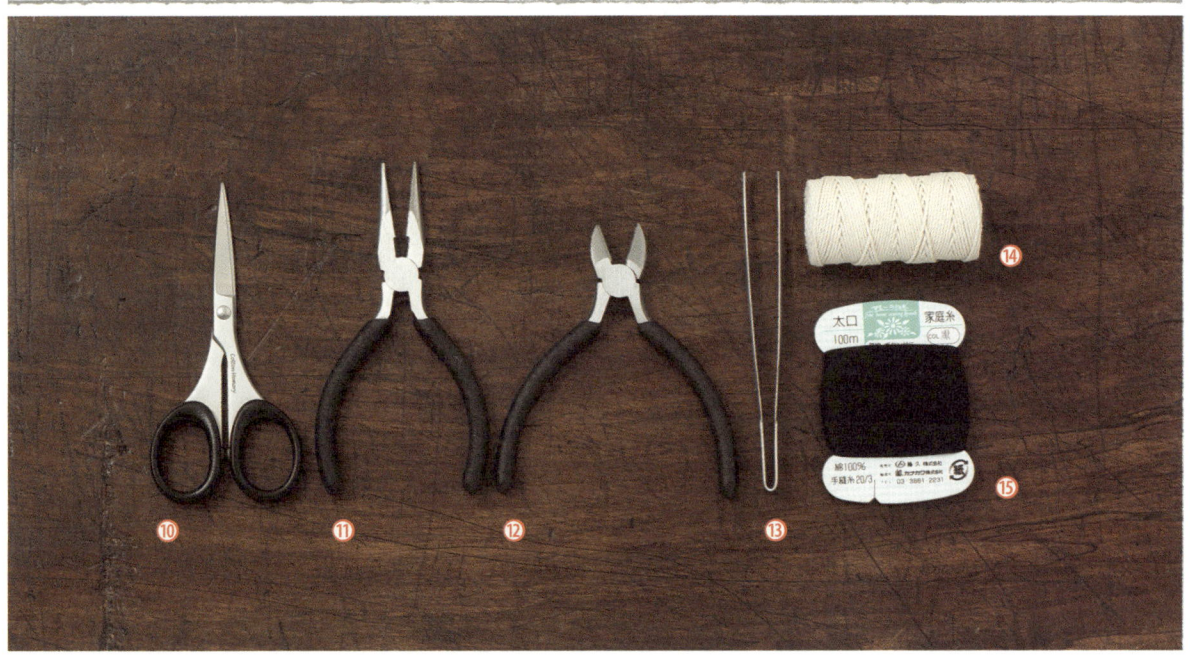

⑩ 가위
끝이 뾰족하고 날이 잘 드는 가위를 준비합니다. 손 크기에 맞는 것을 선택합니다.

⑪ 펜치(평집게)
끝이 동그랗고 평평한 집게입니다. 와이어를 구부릴 때 사용합니다.

⑫ 니퍼
와이어를 자르거나 눈이나 코에 사용하는 단추의 긴 나사를 자를 때 사용합니다.

⑬ 핀셋
폼폼의 실을 정돈하거나 비즈나 눈 등 작은 조각을 집을 때 사용합니다.

⑭ 면실
폼폼의 중심을 묶을 때 사용합니다. 1.0~1.2㎜의 굵은 면실을 선택합니다.

⑮ 손바느질용 실
동물의 입가를 꾸미거나 작은 폼폼의 중심을 묶을 때 사용합니다.

폼폼의 크기

폼폼메이커로 만들 수 있는 폼폼의 크기를 소개합니다. 크기는 같더라도
털실의 굵기나 감는 횟수에 따라 얼마든지 다양한 느낌을 표현할 수 있습니다.

※ 이 책에서는 하마나카 제품인 '쿠루쿠루 폼폼메이커'를 사용했습니다.
※ 폼폼메이커의 날개를 모두 모아 반씩 실을 감습니다.
　 이 책에서는 먼저 감는 쪽을 Ⓐ, 그다음에 감는 쪽을 Ⓑ로 표시했습니다.

point

3.5㎝보다 작은 크기의 폼폼은 메이커를
사용하지 않습니다. 실을 촘촘히 감아 타
원형을 만든 다음, 모양을 살려서 실을 정
리하면 됩니다.

9㎝
제일 큰 사이즈입니다. 일본
설 찹쌀떡이나 사자 갈기를
만들 때 사용합니다.

7㎝
양손에 딱 들어가는 크기입니
다. 컵케이크나 라운드 케이크
를 만들 때 사용합니다.

5.5㎝
기본 모양을 만들 때
주로 사용합니다.

3.5㎝
사과나 체리 등 작은
폼폼을 만들 때 사용
합니다.

사용하는 실

작품에 따라 다른 실을 사용합니다. 이 책에서 사용한 실을 준비할 수 없다면,
비슷한 색과 굵기의 실을 사용하면 됩니다. 실이 가늘수록 감는 횟수가 많아지고,
굵을수록 감는 횟수가 적어지니 실의 굵기에 따라 감는 횟수를 조절합니다.

A **폼폼 털실** (합태사)

B **세탁이 가능한 합태사**

C **졸리 타임**(JOLLY TIME) **Ⅱ** (병태사)

D **NEW 세탁이 가능한 메리노** (병태사)

E **NEW 알파카 메리노** (병태사)

F **모헤어** (합태사)

G **NEW 푸들 모헤어** (초극태사)

H **마마아무 POP** (극태사)

실 끝을 잡는 법
폼폼메이커에 실을 2줄로 감
을 때는 실타래 안쪽의 실을
찾아 뽑아내어 바깥쪽 실과
합하면 됩니다.

※ 사진은 실물 크기입니다. 이 책에 쓰인 실은 일본 후지큐 제품을 사용했습니다.

기타 재료

털실 외에 작품을 만들 때 필요한 재료입니다.
펠트나 양모펠트는 비슷한 색감의 재료로 대체할 수 있습니다.

① 펠트
햄스터나 고양이의 귀, 펭귄 부리 등을 만들 때
씁니다. 양면에 본드를 얇게 바른 뒤 말려서 가
위로 자르면 작은 조각도 쉽게 만들 수 있습니다.

② 양모펠트
펠트용 바늘로 찔러 단단히 뭉쳐서 동물의 귀
나 코, 다리 등을 만듭니다.

※ 이 책에서는 일본 후지큐 제품인 '플루필
(Flufeel)'을 사용했습니다.

③ 25번 자수실
병아리 다리 등을 만들 때 와이어에 감아 사용
합니다.

④ 모루
심으로 사용합니다. 모루에 양모펠트를 감아
펠트용 바늘로 찔러 코끼리 코나 고양이 꼬리
등을 만듭니다. 안에 와이어가 있어 원하는 대
로 모양을 잡을 수 있습니다.

⑤ 와이어
병아리 다리를 만들거나 새우튀김을 연결할 때
사용합니다.

눈과 코

눈과 코는 표정을 결정짓는 중요한 요소인 만큼, 동물의 느낌을 보다 실감 나게 표현할 수 있도록 크기나 모양, 색상 등을 구분해서 사용합니다. 눈 위치로 표정이 달라지니 취향에 맞는 표정을 연출해봅니다(p.54 참고).

나사형 눈

나사형 눈
8mm 검은색

나사형 눈
6mm 검은색

나사형 눈
5mm 검은색

나사형 눈
4mm 검은색

나사형 눈
4mm 빨간색

나사형 눈
2mm 검은색

플라스틱 눈

플라스틱 눈
12mm 갈색

플라스틱 눈
6mm 갈색

플라스틱 눈
4.5mm 갈색

고양이 눈
크리스털 눈

고양이 눈
9mm 블루 펄

고양이 눈
7.5mm 골드

크리스털 눈
9mm 크리스털 골드

개 코
나사형 코

개 코
10mm 검은색

개 코
8mm 검은색

나사형 코
9mm 검은색

나사형 코
6mm 검은색

※ 사진은 실물 크기입니다.
　'나사형 눈', '플라스틱 눈', '고양이 눈 7.5mm 골드', '개 코'는 후지큐 제품이며, '고양이 눈 9mm 블루 펄', '크리스털 눈'은 하마나카 제품입니다.

폼폼의 기본 만들기 ①

병아리 머리 끈
패턴 p.45

실 감기 도안

• 1줄
• Ⓐ Ⓑ 동일

면실의 매듭(뒤)

Ⓐ 앞 / Ⓑ 뒤

※ 도안 보는 법 p.55 참고

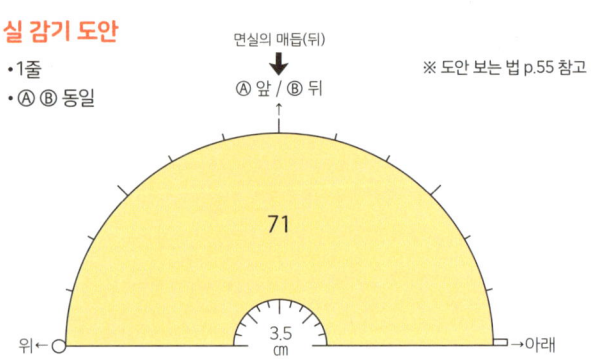

71

3.5 cm

위← ○ ○ →아래

재료	
폼폼메이커	3.5㎝
사용하는 실	졸리 타임 Ⅱ(레몬색4)
기타 재료	눈 : 나사형 눈(4㎜ 검은색) 2개 부리 : 펠트(오렌지) 2.5×2.5㎝ 뒷면 : 펠트(검은색) 4×4㎝ 머리 끈 약 20㎝

실 자르는 기준

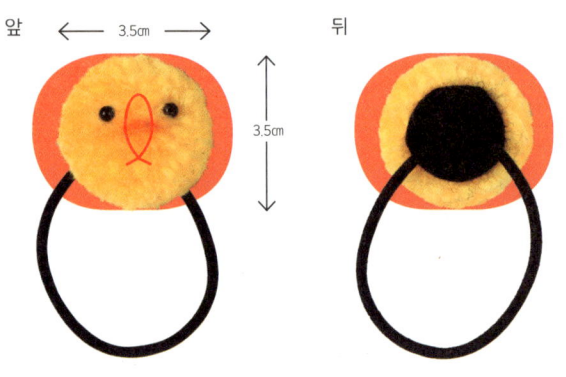

앞 ← 3.5㎝ →

3.5㎝

뒤

옆

3㎝

만드는 법

1

폼폼메이커 양쪽 날개에 번갈아 가며 실을 71번 감는다(실 감기 도안 Ⓐ 표시). 다 감으면 검지에 한 번 감아 5㎝ 정도 남겨 실을 자르고, 실 끝을 검지에 감은 실의 고리로 넣어 매듭짓는다.

2

반대쪽(실 감기 도안 Ⓑ 표시)도 동일하게 감는다. 양쪽 날개에 실을 거의 다 감으면 마지막은 중심에 실을 감는다.

3

날개 사이에 가위를 넣어 감은 실을 자른다. 실을 잘라서 생긴 틈새로 면실을 넣어 폼폼 중심을 2번 감은 뒤, 도안에 표시된 매듭 위치에서 단단히 묶는다.

4

날개를 펴서 폼폼메이커에서 폼폼을 꺼내고, '실 자르는 기준'을 참고하여 폼폼을 자른다.

5

처음에는 대충 잘라서 모양을 만든다.

6

모양이 만들어지면 골고루 가위질하여 꼼꼼하게 모양을 정돈한다.

폼폼의 기본 만들기 ①

병아리 머리 끈

7

폼폼을 잘라 정돈한 모습이다.

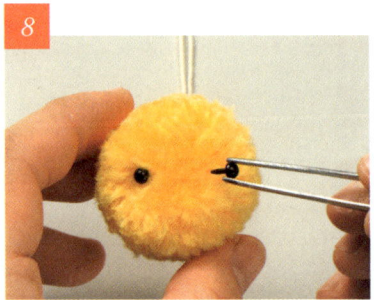

8

눈은 양쪽 균형을 맞춰 위치를 정하여 본드로 붙인다.

9

부리용 펠트의 한쪽 면에 본드를 바르고, 바른 면을 안쪽으로 하여 펠트를 반으로 접어 붙인다.

10

본드가 마르면 패턴을 따라 펠트를 부리 모양으로 자른다.

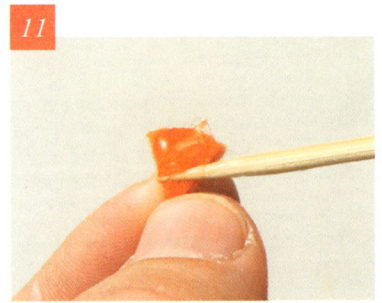

11

부리 표면에 꼬치로 본드를 얇게 발라 말린다. 마르면 뒷면에도 동일하게 본드를 바른다.

12

폼폼에 부리를 대보고 위치를 결정하고 핀셋으로 실을 헤쳐서 공간을 만든다.

13

12 의 공간에 본드로 부리를 붙인다. 주변 실을
자연스럽게 정돈하고 본드를 말린다.

14

패턴을 따라 뒷면 펠트에 송곳으로 구멍을 두 군
데 뚫고 머리 끈을 통과시켜 묶는다.

15

폼폼 중심을 묶은 면실을 14 의 머리 끈에 단단
히 묶는다.

16

면실을 짧게 자르고 폼폼을 묶은 매듭과 머리 끈
을 묶은 매듭에 본드를 바른다. 뒷면 펠트도 본드
를 발라 폼폼에 붙인다.

완성

실물 크기 패턴

뒷면 펠트

부리

폼폼의 기본 만들기 ②

토끼 *p.6*

패턴 p.93

실 감기 도안

- 2줄
- ⒶⒷ 동일

면실의 매듭(뒤)

↓

Ⓐ 앞 / Ⓑ 뒤

※ 도안 보는 법 p.55 참고

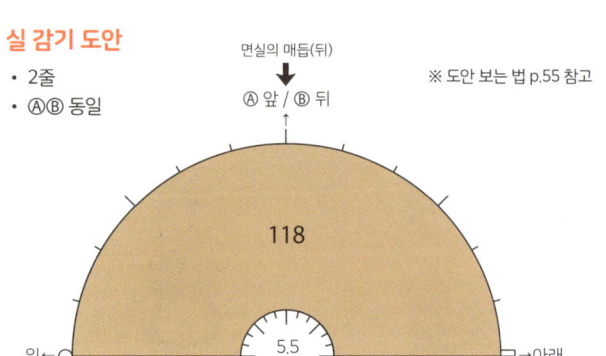

118

위←○   5.5 ㎝   →아래

재료

폼폼메이커
5.5㎝

사용하는 실
NEW 알파카 메리노(카멜33)

기타 재료
눈 : 나사형 눈(8㎜ 검은색) 2개
귀 : 양모펠트(비스킷67BE) 소량
코 : 펠트(진갈색) 2×2㎝

실 자르는 기준

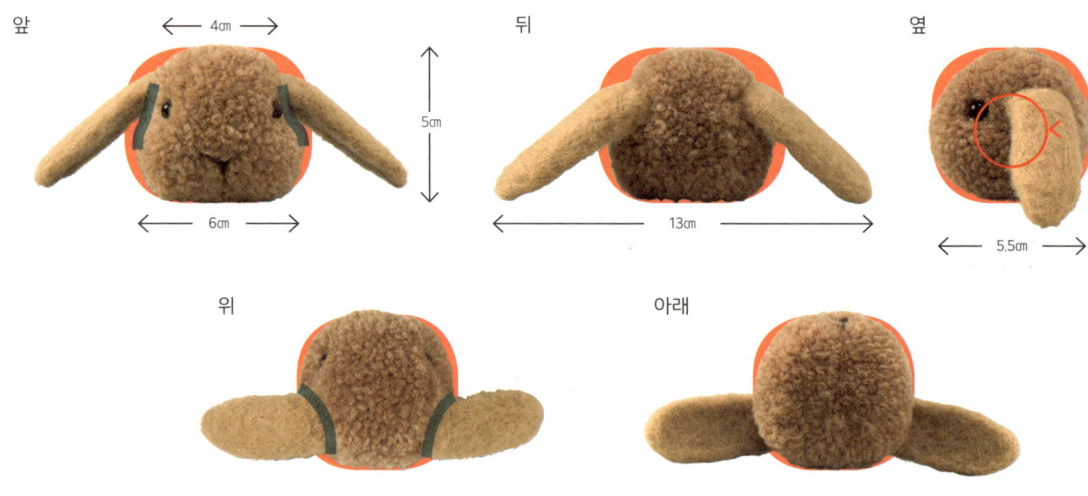

앞   4㎝   5㎝   6㎝

뒤   13㎝

옆   5.5㎝

위

아래

만드는 법

1 '실 감기 도안'을 참고하여 118번 실을 감아 5.5cm 의 폼폼을 만든다. 폼폼 만드는 법은 '병아리 머리 끈' *1* ~ *4* (p.43)를 참고한다.

2 처음에는 가위로 실을 대충 잘라서 삼각형으로 만든다.

3 대충 삼각형으로 만든 모습이다.

4 눈 위치를 정하여 핀셋으로 실을 헤친 뒤 눈을 꽂 아본다. 본드는 아직 바르지 않는다.

5 나사 길이를 확인하고 길면 니퍼로 짧게 자른다.

6 눈을 위치에 되도록 깊이 꽂는다. 눈 위치를 바꿀 때는 주변의 실을 핀셋으로 정돈한 뒤 꽂는다.

눈 주변의 실을 다듬되, 위쪽 옆머리(점선 부분)는 살짝 들어가게, 아래쪽은 부풀게 가위질한다.

펠트에 꼬치로 본드를 얇게 바르고, 마르면 코 패턴을 따라 자른다.

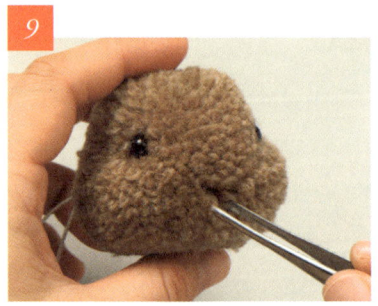

코 위치를 결정하여 본드로 붙인다.

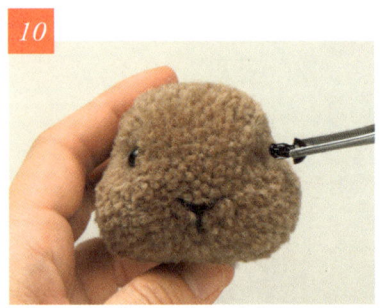

4 에서 정한 위치에 눈을 본드로 붙인다.

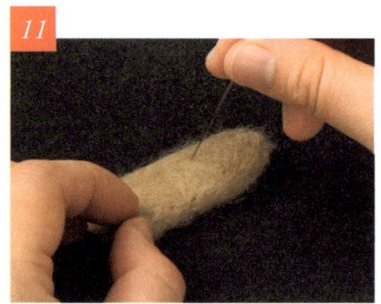

귀를 만든다. 양모펠트를 패턴 모양에 맞춰서 펠트용 바늘로 찔러 단단히 뭉치면 된다.

11 의 양모펠트를 두꺼운 종이에 끼우고 옆쪽도 바늘로 찔러 단단하게 뭉친다. 이렇게 하면 손가락을 다칠 일 없이, 편하게 모양을 만들 수 있다.

13

펠트를 엄지로 잡아 바늘을 비스듬히 세워 양모 펠트 아래쪽과 위쪽도 찔러 단단히 뭉친다.

14

시침핀을 꽂아서 귀의 위치를 결정한다.

15

시침핀 주변의 실을 핀셋으로 헤친다.

완성

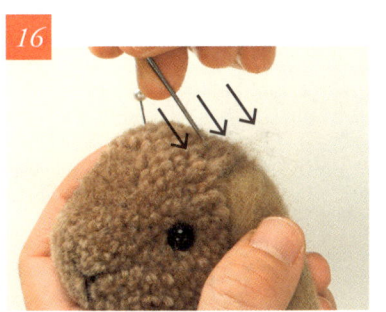

16

정한 위치에 귀 끝부분을 펠트용 바늘로 찔러서 꽂아 고정시킨다. 주변의 실을 귀에 덮어 자연스럽게 정돈한다.

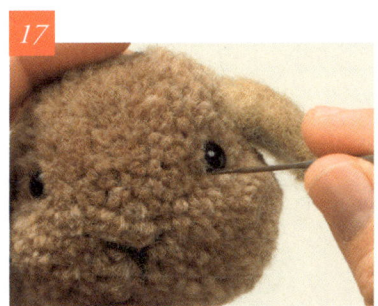

17

눈가를 펠트용 바늘로 가볍게 찔러 정돈한다.

변형

패턴 p.93

귀를 펠트로 만들면 귀가 쫑긋 선 다른 분위기의 토끼를 만들 수 있다.

폼폼의 기법 ①

기본 팁

폼폼을 깔끔하게 만들 수 있는 팁을 소개합니다.

실의 방향 정돈하기

폼폼을 폼폼메이커에서 꺼내면 핀셋으로 실의 방향을 정돈한다. 2색 이상의 실을 사용할 때는 색이 섞여있는 부분을 정돈한 뒤 자르면 무늬가 더 선명해진다.

중심을 묶은 면실은 짧게!

폼폼 중심을 묶은 면실은 눈에 띄지 않게 묶은 위치에서 짧게 자른다. 단단히 묶으면 본드로 붙이지 않아도 잘 풀리지 않는다.

감던 실은 시침핀으로 고정

실 색을 바꾸거나 작업을 중단하는 등 실을 감는 도중에 손을 떼야 할 경우에는 실에 시침핀을 꽂아 고정시킨다.

자르는 방법

폼폼을 자르는 방법을 소개합니다.

다른 길이로 자를 때

마무리할 때

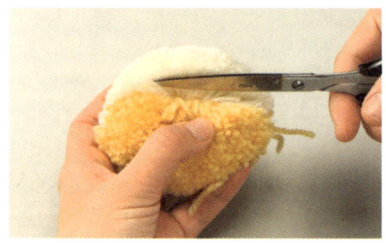

1 색이 바뀌는 부분 등 실 길이를 달리하고 싶은 곳에 있는 실을 사진처럼 가위와 손가락으로 눌러 나눈다.

2 가위를 그대로 눕혀서 짧게 하려는 쪽의 실을 자른다(컵케이크, 딸기 토끼 등을 만들 때 이 방법을 사용한다).

실을 1가닥씩 자르듯 꼼꼼하게 자른다. 균형 있게 자르면 폼폼 모양을 깔끔하게 완성할 수 있다.

폼폼의 기법 ②

작은 폼폼 만드는 방법

귀나 머즐(동물의 코와 주둥이 부분) 같은 작은 폼폼은 폼폼메이커 대신 두꺼운 종이를 사용해 만듭니다.

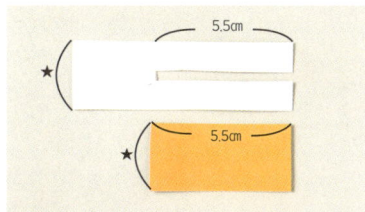

1 폭(★)이 같은 두꺼운 종이 2장을 준비하되, 길이가 긴 종이에는 가운데에 칼집을 낸다(작품마다 해당 종이 크기를 적어두었다).

2 2장의 두꺼운 종이를 겹쳐서 실을 감는다 (위에서 시작해 1바퀴 감으면 1번으로 센다).

3 실을 모두 감으면 감은 실 사이에 실 끝을 끼워 고정시킨다.

4 칼집을 내지 않은 종이를 빼내고, 실 중앙을 두꺼운 손바느질용 실로 묶는다.

5 종이를 빼내고, 감은 실의 고리 부분을 가위로 자른다.

6 매듭 위쪽에 있는 실을 펠트용 바늘로 가볍게 찔러 매듭이 보이지 않게 정리한다.

본드 활용법

● 본드로 표면 가공하는 법

펠트 표면에 본드를 꼬치 등으로 얇게 펴 바른다. 앞면의 본드가 마르면 뒷면에도 동일하게 본드를 바른다. 본드가 마르면 표면이 굳어 세세한 부분을 쉽게 자를 수가 있다.

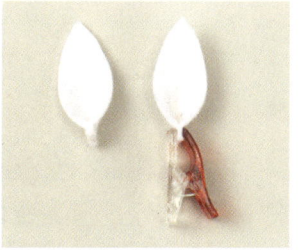

● 모양 만들 때

펠트에 본드를 발라 귀나 다리 모양을 만든 뒤 클립 등으로 고정하여 말리면 그 형태를 유지할 수 있다.

폼폼의 기법 ③

연결하는 방법

머리와 몸통, 귀, 머즐 등 폼폼을 연결하는 방법입니다.

A

1 폼폼 중심을 묶은 면실 1줄을 돗바늘에 꿰어 연결할 다른 폼폼 중심의 매듭에 통과시킨다.

2 면실을 묶는다.

B

1 폼폼을 묶은 면실 2줄을 돗바늘에 꿰어(코바늘 사용 가능), 바늘을 연결할 폼폼 중심에 통과시킨다.

2 면실을 당겨 연결 부분에 본드를 발라 붙인다. 폼폼 털실을 같이 묶지 않도록, 실을 묶기 전에 주변을 조금 헤친다.

3 통과시킨 면실을 털실 밑부분에서 2번 묶는다.

A, B를 마무리하는 방법

1 매듭지은 실은 짧게 자르고 그 위에 본드를 살짝 바른다.

2 매듭이 보이지 않도록 헤친 실을 자연스럽게 정돈한다.

● **머즐 위치**

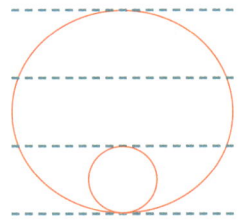

머즐은 얼굴 아랫부분 1/3 위치에 연결한다.

폼폼의 기법 ④

펠트용 바늘 사용법

털실이나 양모펠트는 펠트용 바늘로 찌르면 얽히면서 단단해집니다.

모루로 다리나 코 만들기

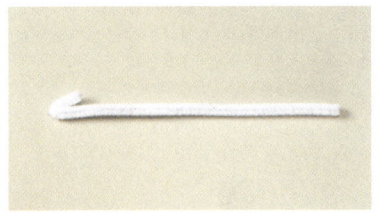

1 모루 한쪽 끝을 구부린다.

2 양모펠트를 모루 전체에 감는다.

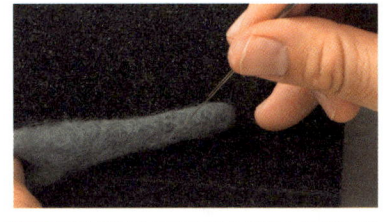

3 펀칭 매트(스펀지도 가능) 위에 놓고 펠트용 바늘로 찔러 단단하게 뭉친다. **2** **3** 을 반복하며 모루가 보이지 않도록 끝부분까지 꼼꼼하게 작업한다.

폼폼을 찔러 모양 만들기

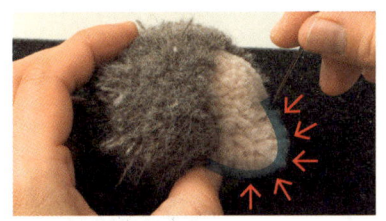

귀를 오목하게 만들 때도 펠트용 바늘을 활용한다. 해당 부분을 가볍게 찔러 모양을 잡은 다음 표면을 가위로 잘라서 정돈한다.

머즐 찌르기

중심을 향해 고루 조금씩, 가볍게 찔러 단단하게 만든다. 표면은 가위로 잘라서 정돈한다.

종이에 끼고 자르기

얇거나 작은 조각은 두꺼운 종이에 끼워서 작업하면 손을 다칠 염려가 없다. 사진처럼 종이 끝을 접으면 더 편하다.

코나 다리 고정시키기

1 연결 부위의 실을 헤치고 연결할 조각을 펠트용 바늘로 찔러서 꽂는다.
2 헤쳐놓은 실을 자연스럽게 정돈한다.

눈 위치에 따른 표정

눈 위치는 무척 중요합니다. 눈 사이 간격에 따라 표정이 달라지기 때문입니다.
시침핀으로 눈 위치를 결정하면 눈을 꽂아 원하는 표정을 만듭니다.

작은 눈

큰 눈

눈은 동물에 따라 위치나 각도가 다릅니다. 사자 같은
육식동물은 정면에, 토끼나 설치류 같은 초식동물은
측면에 꽂으면 실물과 가깝게 표현됩니다.

간격은 같고 눈 크기가 다른 경우

눈, 코, 귀는 먼저 꽂아보기 ·····································

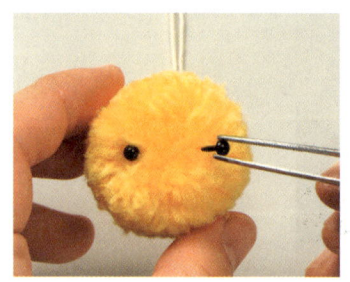

1 먼저 위치를 정해 시침핀을 꽂아 표시한다.
2 그 위치에 조각을 꽂는다(조각을 꽂아놓고 실을
　자르면 얼굴 모양을 만들기가 더 편하다).
3 본드로 붙인다.
※ 눈 위치를 바꿀 때는 주변의 실을 핀셋으로 정돈한 뒤
　꽂는다.

만들기 페이지 보는 방법

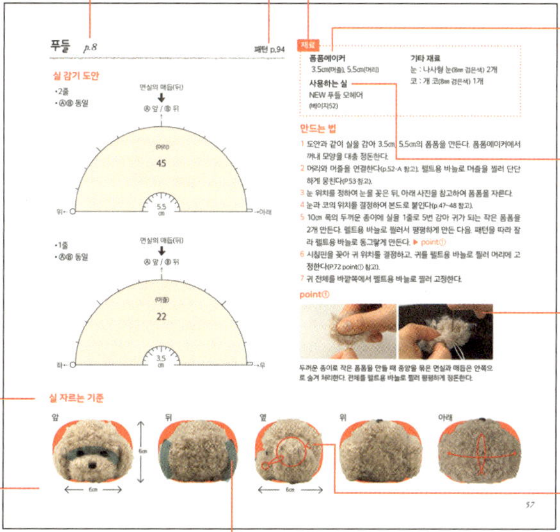

작품 게재 페이지 ——

패턴, 실 감기 도안 게재 페이지

재료 목록

이 책에서 만든 작품은 모두 일본 하마나카 주식회사 제품인 '쿠루 쿠루 폼폼메이커'를 사용했습니다.

실의 상세 내용은 p.39를 참고하세요. ( )는 색과 색 번호입니다.

▶point를 사진으로 설명합니다.

작품을 여러 각도에서 바라보며, 완성된 치수를 알려주는 사진입니다. 빨간 부분은 폼폼을 자르기 전의 윤곽을 나타냅니다. 폼폼을 어느 정도 자르는지 참고하여 모양을 만드세요.

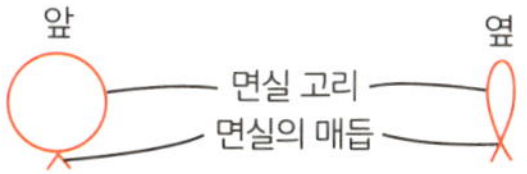

앞

옆

면실 고리
면실의 매듭

폼폼의 어느 부분에서 면실을 묶는지 표시합니다.

펠트용 바늘 찌르는 위치

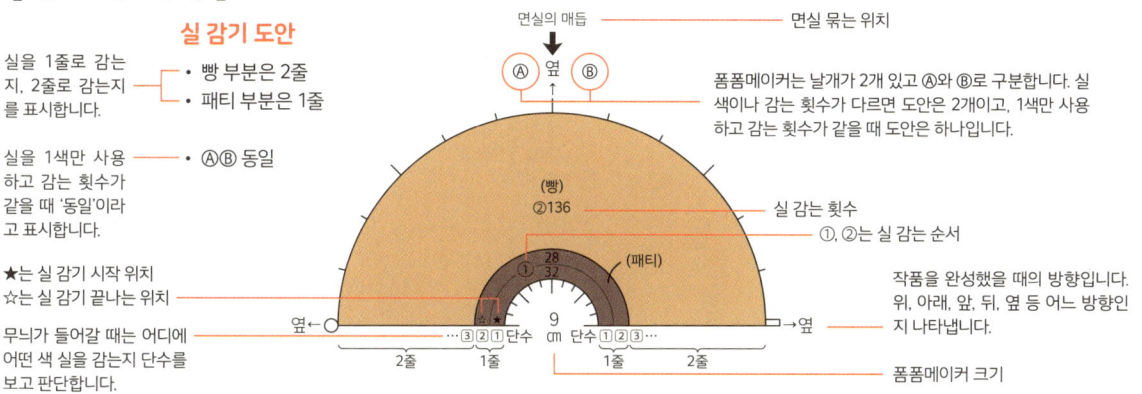

실 감기 도안 보는 방법

실 감기 도안

실을 1줄로 감는지, 2줄로 감는지를 표시합니다.
• 빵 부분은 2줄
• 패티 부분은 1줄

실을 1색만 사용하고 감는 횟수가 같을 때 '동일'이라고 표시합니다.
• ⒜⒝ 동일

★는 실 감기 시작 위치
☆는 실 감기 끝나는 위치

무늬가 들어갈 때는 어디에 어떤 색 실을 감는지 단수를 보고 판단합니다.

면실의 매듭

면실 묶는 위치

Ⓐ   옆   Ⓑ

폼폼메이커는 날개가 2개 있고 ⒜와 ⒝로 구분합니다. 실 색이나 감는 횟수가 다르면 도안은 2개이고, 1색만 사용하고 감는 횟수가 같을 때 도안은 하나입니다.

(빵)
②136

실 감는 횟수

①, ②는 실 감는 순서

28
32

(패티)

작품을 완성했을 때의 방향입니다. 위, 아래, 앞, 뒤, 옆 등 어느 방향인지 나타냅니다.

옆○

9
cm

옆

…③②① 단수   단수 ①②③…

2줄   1줄   1줄   2줄

폼폼메이커 크기

양 *p.7*

패턴 p.93

실 감기 도안

(머리)

(앞)

- ① 폼폼 털실 1줄
- ②③ NEW 푸들 모헤어 2줄

Ⓐ

위 ← 단수

3.5 ㎝

단수 → 아래

⑤④③②① 단수 ①②③④⑤
2 1   1 2

면실의 매듭
↓

뒤
(머리)

Ⓑ

- NEW 푸들 모헤어 2줄

9

위 ← ① 단수   3.5 ㎝   단수 ① → 아래

면실의 매듭(아래)
Ⓐ 위 / Ⓑ 아래

- NEW 푸들 모헤어 2줄
- ⒶⒷ 동일

(몸통)
52

좌 ←

5.5 ㎝

→ 우

실 자르는 기준

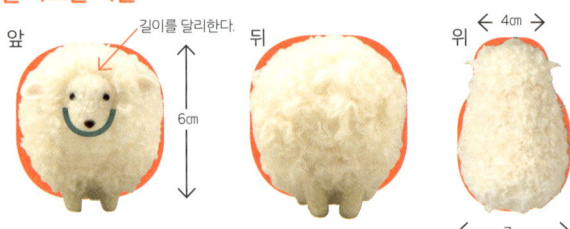

앞 — 길이를 달리한다. 6㎝

뒤

위 ← 4㎝ → 7㎝ →

아래 ← 3.5㎝ →

옆 4㎝ ← 10㎝ →

재료

폼폼메이커
3.5㎝(머리), 5.5㎝(몸통)

사용하는 실
머리, 몸통 :
NEW 푸들 모헤어(흰색51)
얼굴 : 폼폼 털실(흰색41)

기타 재료
눈 : 나사형 눈(3mm 검은색) 2개
코 : 나사형 코(4.5mm 갈색) 1개
귀 : 펠트(흰색) 5×4㎝
 ※ 귀 안쪽은 분홍색 색연필로 칠한다.
다리 : 양모펠트(흰색66WH) 적당량

만드는 법

1 도안과 같이 실을 감아 3.5㎝, 5.5㎝의 폼폼을 만든다(P.43-② 참고). 폼폼 메이커에서 꺼내 모양을 대충 정돈한다.

2 머리와 몸통을 연결한다(p.52-B 참고).

3 펠트용 바늘로 몸통을 찔러 단단하게 만들고, 튀어나온 실은 자른다.

4 얼굴은 아래 사진을 참고하여 실의 길이를 달리하여 자른다(p.50 참고).

5 눈과 코 위치를 결정하여 본드로 붙인다(p.47~48 참고).

6 양모펠트를 적당량 두꺼운 종이에 끼운 뒤, 펠트용 바늘로 찔러서 단단 하게 뭉쳐 다리를 만든다. 같은 길이로 4개 만든다. ▶ point① 귀는 펠 트를 패턴에 따라 잘라 아랫부분에 본드를 바른 뒤 클립으로 고정시켜 말린다(p.74-point③ 참고). 시침핀을 꽂아서 귀 위치를 결정하여(p.49 참 고), 본드로 붙인다.

7 6의 다리를 본드로 몸통에 붙인다. ▶ point②

point①

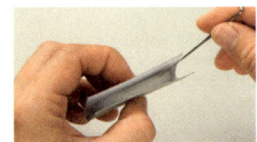

두꺼운 종이에 끼우면 작은 조각도 찌르기 편하다.

point②

시침핀을 꽂아 양이 설 수 있는지 확인하여 다리 위치를 정한 다음, 다리를 본드로 붙인다.

푸들 *p.8*

패턴 p.94

실 감기 도안

- 2줄
- ⒜⒝ 동일

면실의 매듭(뒤)

↓

Ⓐ 앞 / Ⓑ 뒤

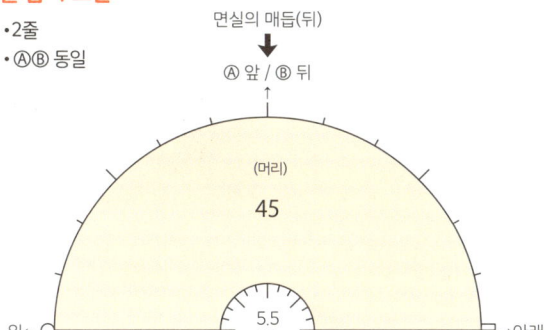

(머리)

45

5.5 ㎝

위 ←○　　　　○→ 아래

- 1줄
- ⒜⒝ 동일

면실의 매듭(뒤)

↓

Ⓐ 앞 / Ⓑ 뒤

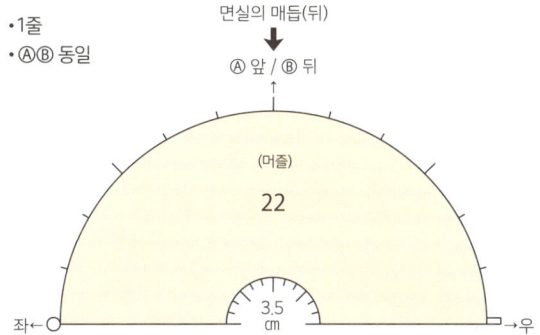

(머즐)

22

3.5 ㎝

좌 ←○　　　　○→ 우

재료

폼폼메이커
　3.5㎝(머즐), 5.5㎝(머리)

사용하는 실
NEW 푸들 모헤어
(베이지52)

기타 재료
눈 : 나사형 눈(8㎜ 검은색) 2개
코 : 개 코(8㎜ 검은색) 1개

만드는 법

1 도안과 같이 실을 감아 3.5㎝, 5.5㎝의 폼폼을 만든다. 폼폼메이커에서 꺼내 모양을 대충 정돈한다.

2 머리와 머즐을 연결한다(p.52-A 참고). 펠트용 바늘로 머즐을 찔러 단단하게 뭉친다(P.53 참고).

3 눈 위치를 정하여 눈을 꽂은 뒤, 아래 사진을 참고하여 폼폼을 자른다.

4 눈과 코의 위치를 결정하여 본드로 붙인다(p.47~48 참고).

5 10㎝ 폭의 두꺼운 종이에 실을 1줄로 5번 감아 귀가 되는 작은 폼폼을 2개 만든다. 펠트용 바늘로 찔러서 평평하게 만든 다음, 패턴을 따라 잘라 펠트용 바늘로 동그랗게 만든다. ▶ point①

6 시침핀을 꽂아 귀 위치를 결정하고, 귀를 펠트용 바늘로 찔러 머리에 고정한다(P.72 point① 참고).

7 귀 전체를 바깥쪽에서 펠트용 바늘로 찔러 고정한다.

point①

두꺼운 종이로 작은 폼폼을 만들 때 중앙을 묶은 면실과 매듭은 안쪽으로 숨겨 처리한다. 전체를 펠트용 바늘로 찔러 평평하게 정돈한다.

실 자르는 기준

앞

6㎝

6㎝

뒤

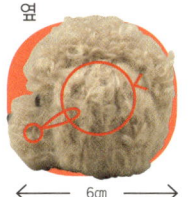

옆

6㎝

위

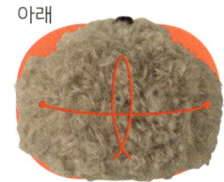

아래

재료

폼폼메이커
5.5㎝(머즐, 머리)

사용하는 실
머리, 귀 :
NEW 세탁이 가능한 메리노
(연회색19)
머즐, 눈썹 : 폼폼 털실(흰색41)

기타 재료
눈 : 나사형 눈(8㎜ 검은색) 2개
코 : 개 코(10㎜ 검은색) 1개
귀 : 양모펠트(세사미69GY) 소량

point①

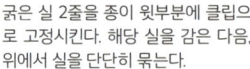

굵은 실 2줄을 종이 윗부분에 클립으로 고정시킨다. 해당 실을 감은 다음, 위에서 실을 단단히 묶는다.

감은 실을 정돈한 뒤 양모펠트를 겹치고, 펠트용 바늘로 찔러서 평평하게 만든다(찌른 면이 안면이 된다).

두꺼운 종이에 귀를 끼운 뒤, 펠트용 바늘로 찔러 더 단단히 뭉친다.

만드는 법

1 도안과 같이 실을 감아 5.5㎝의 폼폼을 2개 만든다. 폼폼메이커에서 꺼내 모양을 대충 정돈한다.

2 머리와 머즐을 연결한다(p.52-A 참고). 펠트용 바늘로 머즐을 찔러 단단하게 만든다(p.53 참고).

3 눈썹은 어느 정도 길이를 유지하되 실 길이를 달리하면서(p.50 참고) 아래 사진을 참고하여 자른다.

4 8㎝ 폭의 두꺼운 종이에 해당 실을 1줄로 20번 감아 귀 2개를 만든 다음, 각각 양모펠트를 겹쳐서 펠트용 바늘로 가볍게 찌른다. ▶point①

5 패턴을 따라 귀를 자르고 점선 부분에서 접는다. 접은 부분을 펠트용 바늘로 찔러 단단하게 만든다. 시침핀을 꽂아 귀 위치를 결정하고, 귀의 실을 돗바늘에 꿰어 얼굴에 단다(p.72-point① 참고).

6 눈과 코의 위치를 정하여 본드로 붙인다(p.47~48 참고).

실 자르는 기준

앞   뒤   옆   위   아래

6㎝   7㎝   5㎝

곰 _p.12_

실 감기 도안

- 2줄
- Ⓐ Ⓑ 동일

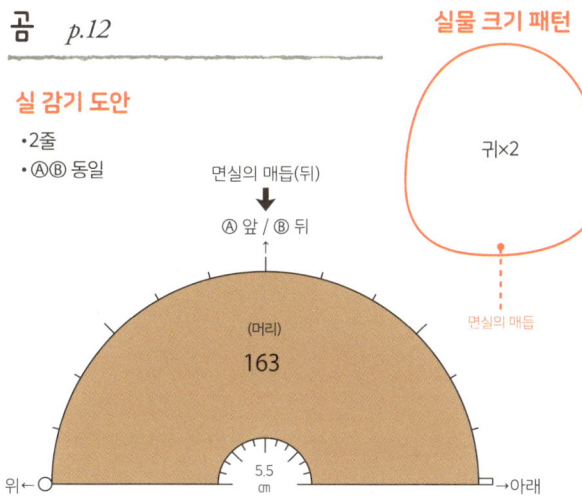

면실의 매듭(뒤)

Ⓐ 앞 / Ⓑ 뒤

위 ○←

(머리)

163

5.5
㎝

→ 아래

실물 크기 패턴

귀×2

면실의 매듭

재료

폼폼메이커
5.5㎝

사용하는 실
폼폼 털실(베이지45)

기타 재료
눈 : 나사형 눈(6㎜ 검은색) 2개
코 : 나사형 코(9㎜ 갈색) 1개

만드는 법

1 도안과 같이 실을 감아 5.5㎝의 폼폼을 만든다. 폼폼메이커에서 꺼내 모양을 대충 정돈한다.

2 4.5㎝ 폭의 두꺼운 종이에 해당 실을 1줄로 28번 감아 머즐을 만든다(p.51 참고).

3 머리와 머즐을 연결한다(p.52-A 참고). 펠트용 바늘로 머즐을 찔러 단단하게 만든다(p.53 참고). 전체를 아래 사진을 참고하여 모양을 정돈하면서 자른다.

4 3.5㎝ 폭의 두꺼운 종이에 해당 실을 1줄로 22번 감아 귀 2개를 만든다(p.51 참고). 펠트용 바늘로 찔러서 평평하게 만든 뒤, 패턴을 따라 자른다.

5 눈 위치를 결정하여 본드로 붙인다(p.47~48 참고). 시침핀을 꽂아 귀 위치를 정한다. ▶ point①

6 귀의 실을 돗바늘에 꿰어 귀를 연결한다(p.72-point① 참고). ▶ point②
주변 실과 귀를 펠트용 바늘로 가볍게 찔러 자연스럽게 정돈한다.

7 표면을 꼼꼼하게 잘라(p.50 참고) 마무리한다. 코 위치를 결정하여 본드로 붙인다.

point①

귀의 위치는 약간 위쪽으로 정하고, 귀를 연결한 후에 조절한다.

point②

귀를 연결했을 때 매듭을 뒤로 지으면 정면에서 실이 보이지 않는다.

실 자르는 기준

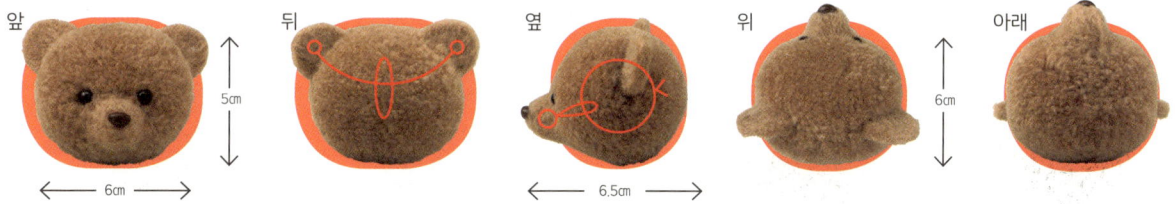

앞 — 6㎝ / 5㎝

뒤

옆 — 6.5㎝

위 — 6㎝

아래

삼색 고양이 *p.10*

패턴 p.94, 실 감기 도안 p.90

재료

폼폼메이커
5.5㎝
사용하는 실
폼폼 털실(흰색41), 폼폼 털실(베이지45), 폼폼 털실(검은색55)
기타 재료
눈 : 크리스털 눈(9㎜ 크리스털 골드) 2개
귀 : 펠트(검은색) 18×11㎝, 펠트(카멜) 8×11㎝
코, 입 : 양모펠트(a : 샤벳핑크71LP, b : 애프리콧72PE, c : 초코68BR) 소량

실 자르는 기준

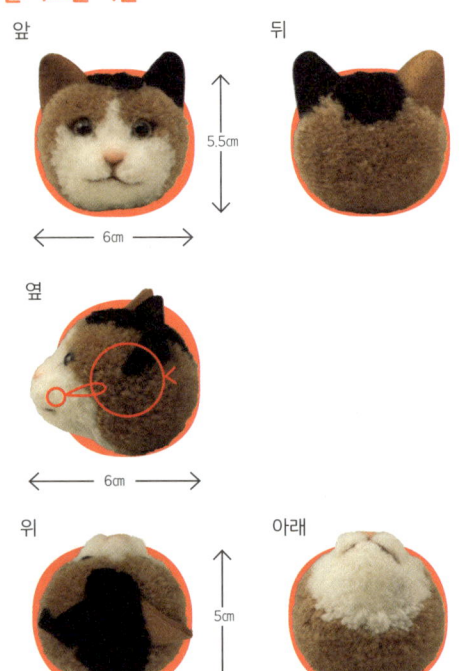

갈색 고양이 *p.11*

패턴 p.94, 실 감기 도안 p.91

재료

폼폼메이커   5.5㎝
사용하는 실
폼폼 털실(연베이지44), NEW 알파카 메리노(카멜33), 폼폼 털실(흰색41)
기타 재료
눈 : 고양이 눈(9㎜ 블루 펄) 2개
귀 : 펠트(카멜) 16×22㎝
코, 입 : 양모펠트(a : 샤벳핑크71LP, b : 애프리콧72PE, c : 초코68BR,
d : 비스킷67BE) 소량

실 자르는 기준

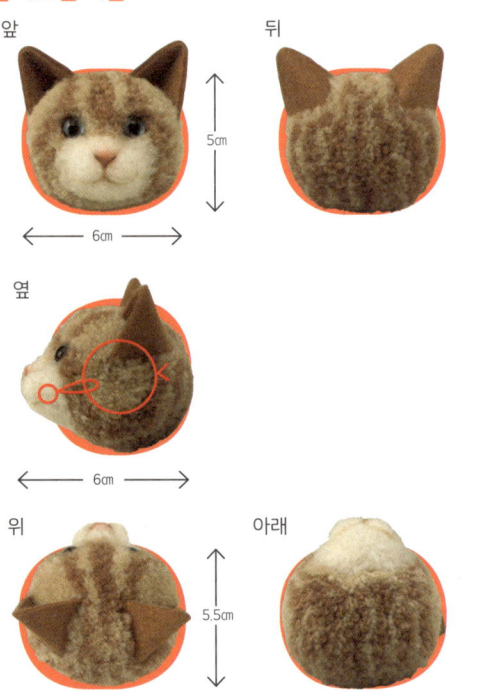

만드는 법 (동일)

1 도안과 같이 실을 감아 5.5㎝의 폼폼을 만든다. 폼폼메이커에서 꺼내 모양을 대충 정돈한다.

2 3.5㎝ 폭의 두꺼운 종이에 흰색 실을 1줄로 40번 감아 머즐이 되는 작은 폼폼을 만든다(p.51 참고).

3 머리와 머즐을 연결한다(p.52-A 참고). ▶ point①

4 머즐을 펠트용 바늘로 찔러 단단하게 만든 뒤(p.53 참고), 사진(p.60)을 참고하여 폼 폼을 자른다. ▶ point② 눈을 꽂아 위치를 결정한다.

5 코 위치를 정하여 소량의 양모펠트a를 역삼각형 모양이 되도록 펠트용 바늘로 찔러 고정한다. 삐져나온 부분은 자른다. 그 위에 양모펠트b를 겹쳐서 펠트용 바늘로 찌르고 삐져나온 부분은 자른다. ▶ point③의 ① ②

6 소량의 양모펠트c를 코 아래에 찔러 콧구멍을 만든다. 양모펠트d(삼색 고양이는c)를 길게 하여 입 위치에 펠트용 바늘로 찔러 넣는다. ▶ point③의 ③

7 눈, 코, 머즐을 정돈한다.

8 귀는 패턴을 따라 펠트를 자른 뒤 2장을 겹쳐서 본드로 붙이고, 패턴의 점선을 따라 접었다 펴서 모양을 잡는다.

9 귀 위치를 결정하고, 해당 위치에 실을 헤쳐(p.49 참고) 본드로 붙인다. 눈을 본드로 붙이고 주변을 펠트용 바늘로 찔러 눈꺼풀과 콧대를 정돈한다. ▶ point④ (삼색 고양이는 눈가에 양모펠트c를 놓고 살짝 찌른다.)

point①

머리와 머즐을 연결할 때는 턱 아래에서 면실 을 단단히 묶는다.

point②

연결만 한 모습(왼쪽), 코와 입가를 자른 모습(가운데), 완성한 모습(오른쪽)이다. 코와 입, 머리는 균형을 보면서 자른다.

point③

1

샤벳핑크 양모펠트를 역삼각형이 되도록 펠트용 바늘로 찌른다. 삐져나온 부분은 자른다.

2

그 위에 애프리콧 양모펠트를 겹쳐 놓고 펠트용 바늘로 찌른다. 삐져나온 부분은 자른다.

3

초코(갈색 고양이는 비스킷) 양모펠트를 길 게 끈 모양으로 만들어 입가에 라인을 만 든다.

point④

실이 눈을 살짝 덮도록 손가락으로 실 을 누르면서 눈 주변을 펠트용 바늘로 가볍게 찔러 모양을 정돈한다.

실 감기 도안

재료

폼폼메이커
3.5cm(얼굴), 9cm(갈기)

사용하는 실
얼굴 : 폼폼 털실(연베이지44)
갈기 : 모헤어(브라운8) 2볼
미간 무늬 :
폼폼 털실(갈색54) 2.5cm×8줄

기타 재료
눈 : 나사형 눈(3mm 검은색) 2개
    펠트(진갈색) 1×2.5cm
코 : 펠트(검은색) 1×2cm
귀 : 펠트(흙색) 3×7cm
입 : 굵은 손바느질용 실(검은색)
    적당량

• 2줄
• Ⓐ Ⓑ 동일

면실의 매듭(아래)
Ⓐ 위 / Ⓑ 아래

(얼굴)
61

좌 ←   3.5cm   → 우

• 2줄
• Ⓐ Ⓑ 동일

면실의 매듭(아래)
Ⓐ 위 / Ⓑ 아래

※ 감는 횟수가 많으니
도중에 중심 부분에
서 감는다.

(갈기)
490

좌 ←   9cm   → 우

만드는 법

1 도안과 같이 실을 감아 3.5cm, 9cm의 폼폼을 만든다. 폼폼메이커에서 꺼 내 모양을 대충 정돈한다.

2 얼굴은 왼쪽 아래 사진의 파란선 부분을 참고하여 폼폼을 펠트용 바늘 로 찔러서 단단하게 만든 뒤, 잘라서 정돈한다(P.53-① 참고).

3 미간 무늬를 만든다. ▶ point①

4 검은색 펠트는 양면에 본드를 발라, 말리면 눈과 코 패턴에 따라 자른다. 귀의 펠트는 끝에 본드를 발라 클립을 끼워서 말린다(p.74-point③ 참고).

5 얼굴의 뒷부분을 갈기와 각도를 맞춰서 자른 뒤, 갈기와 연결한다 (P.52-B 참고).

6 4의 눈 펠트에 송곳 등으로 구멍을 뚫어 눈을 꽂아 본드로 붙인다. 눈과 코 위치를 정하여 본드로 붙인다(P.48 참고).

7 손바느질용 실로 입을 만든 뒤, 남은 실은 잘라 본드로 붙인다. ▶ point②
귀 위치를 결정하여 3에서 만든 귀를 본드로 붙인다.(p.49 참고)

8 갈기를 가위로 가볍게 빗어서 털 방향을 정돈한다.

실 자르는 기준

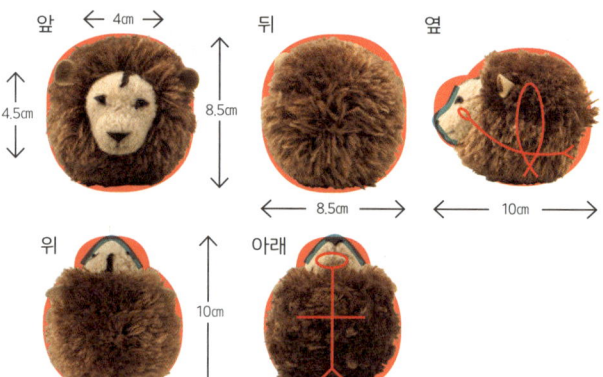

앞 ← 4cm →

4.5cm

뒤

8.5cm

옆

8.5cm

10cm

위

아래

10cm

point①

주변의 실을 헤쳐서 본드를 바른 갈 색 실을 1줄씩 꽂아 붙인다. 8줄 다 고정시킨 뒤 삐져나온 부분은 자른 다.

point②

실을 바늘에 꿰어 얼굴에 통과시켜 긴 고리를 만든다. 코에서 실까지 펠트용 바늘로 찔러서 선(입)을 만 든다.

원숭이 _p.14_

실 감기 도안
- ① 핑크베이지 1줄
- ②~⑤ 연갈색 2줄

실물 크기 패턴
코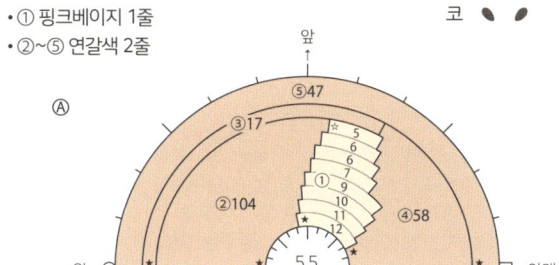

Ⓐ

- 앞
- ⑤47
- ③17
- ②104
- ④58
- ☆
- 5
- 6
- 7
- 8
- 9
- ①
- 10
- 11
- 12
- ★
- 위 →
- → 아래
- 5.5 ㎝

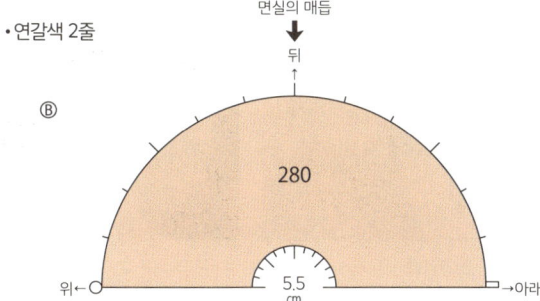

- 연갈색 2줄

면실의 매듭

Ⓑ

- 뒤
- 280
- 위 ○
- → 아래
- 5.5 ㎝

재료

폼폼메이커 5.5㎝

사용하는 실
머리 : 하마나카 소노모노헤어리
　　　－중세사(연갈색123)
얼굴, 머즐 : 폼폼 털실(핑크베이지43)

기타 재료
눈 : 플라스틱 눈(6㎜) 2개
코 : 펠트(검은색) 1×2㎝
입 : 손바느질용 굵은 실
　　(검은색) 적당량

만드는 법

1 도안과 같이 실을 감아 5.5㎝의 폼폼을 만든다. 폼폼메이커에서 꺼내 모양을 대충 정돈한다.

2 3㎝ 폭의 두꺼운 종이에 해당 실을 1줄로 30번 감아 머즐이 되는 작은 폼폼을 만든다.

3 얼굴과 머즐을 연결한다(p.52-A 참고).

4 머리와 얼굴 경계 부분에 길이의 차이를 주어 실을 자른다(p.50 참고).

5 아래 사진을 참고하여 머즐을 펠트용 바늘로 찔러 단단하게 만든다 (P.53 참고).

6 눈 위치를 결정한다(p.47 참고). 펠트용 바늘과 가위질로 얼굴을 만든다. 눈가와 콧대를 펠트용 바늘로 찔러서 정돈한다. ▶point① 사자(p.62) point②를 참고하여 입을 만든다.

7 눈을 본드로 붙인다. 표면 가공한(P.51 참고) 코도 본드로 붙인다.

point①

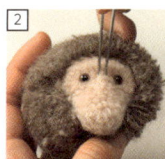

1	2	3
눈을 꽂고 주변 실을 잘라 정리한 다음, 눈가를 실로 살짝 덮는다.	핀셋으로 집어 콧대를 만들고, 펠트용 바늘로 찔러 단단하게 만든다.	눈 주변을 펠트용 바늘로 찔러 정돈한다.

실 자르는 기준

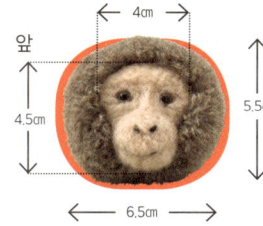

앞

4㎝
4.5㎝
5.5㎝
6.5㎝

뒤

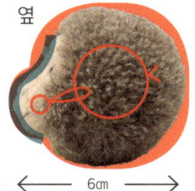

옆

6㎝

위

아래

코끼리 *p.15*

패턴 p.94

실 자르는 기준

아래   위

5.5cm

← 5.5cm →

※ 코끼리 방향은 코끼리 얼굴이 아닌 품품을 기준으로 표기되었습니다.

옆   앞

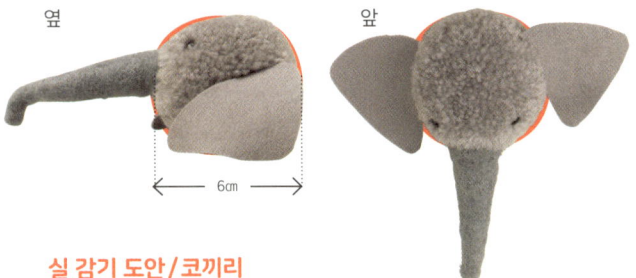

← 6cm →

재료

폼폼메이커
5.5cm

사용하는 실
NEW 세탁이 가능한 메리노
(밝은회색19)

기타 재료
눈 : 나사형 눈(6mm 검은색) 2개
귀 : 펠트(회색) 8×14cm
코 : 양모펠트(세사미69GY),
    모루 8cm

만드는 법

1 도안과 같이 실을 감아 5.5cm의 폼폼을 만든다. 폼폼메이커에서 꺼내 모 양을 대충 정돈한다. 왼쪽 사진을 참고하여 폼폼을 자른다.

2 모루에 양모펠트를 감고, 패턴을 따라 펠트용 바늘로 찔러 단단히 뭉쳐 서 코를 만든다(p.53 참고). 귀를 패턴에 맞춰 자른다.

3 머리에 코를 펠트용 바늘로 찔러서 고정시킨다. ▶point①

4 눈은 위치를 결정하여 본드로 붙인다(p.47~48 참고).

5 시침핀을 꽂아 귀 위치를 정한 뒤(p.49 참고) 본드로 붙인다.

point①

코 위치를 결정하여 그 위치의 실을 헤 친다.

코 위치에 코를 놓고 펠트용 바늘로 찔 러 고정시킨다. 펠트용 바늘로 찔러 헤 친 실을 자연스럽게 정돈한다.

실 감기 도안 / 코끼리

• 2줄
• ⒶⒷ 동일

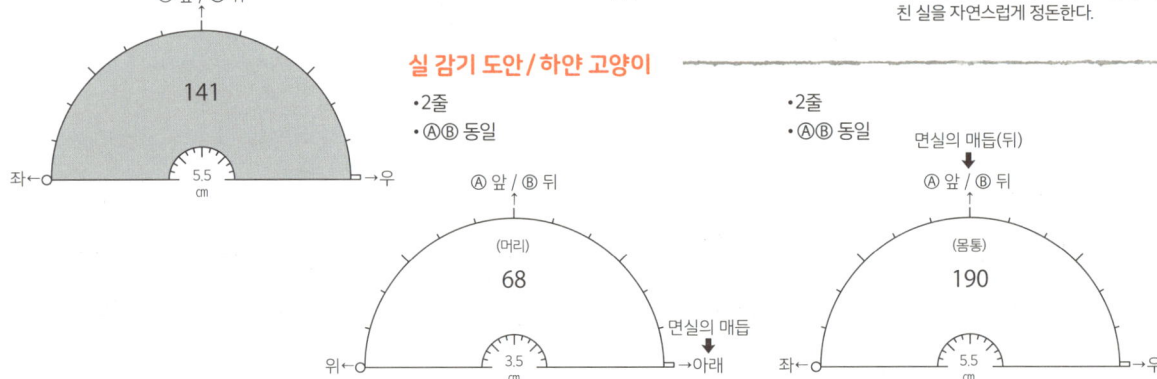

면실의 매듭(뒤)
↓
Ⓐ 앞 / Ⓑ 뒤

141

좌 ○←   5.5   →우
          cm

실 감기 도안 / 하얀 고양이

• 2줄
• ⒶⒷ 동일

Ⓐ 앞 / Ⓑ 뒤

(머리)
68

위 ○←   3.5   면실의 매듭
        cm   →아래

• 2줄
• ⒶⒷ 동일

면실의 매듭(뒤)
↓
Ⓐ 앞 / Ⓑ 뒤

(몸통)
190

좌 ○←   5.5   →우
          cm

하얀 고양이 *p.16*

패턴 p.94, 실 감기 도안 p.64

실 자르는 기준

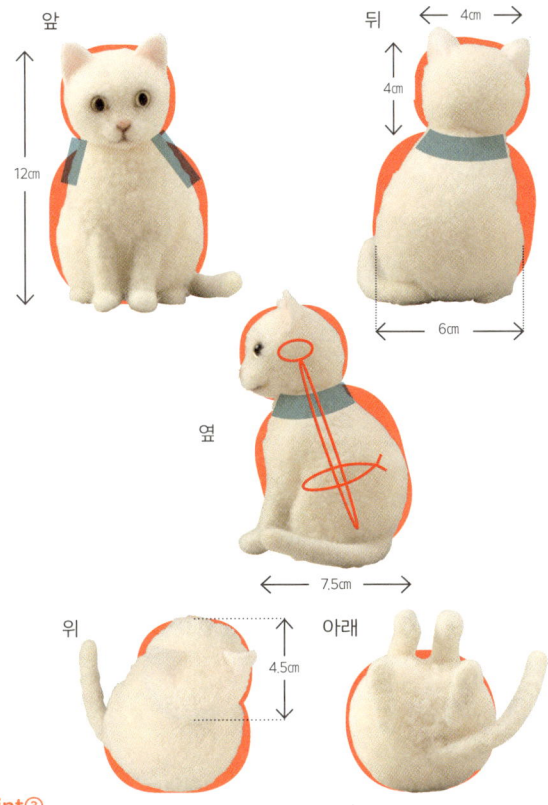

앞 12㎝

뒤 4㎝ / 4㎝ / 6㎝

옆 7.5㎝

위 4.5㎝

아래

재료

폼폼메이커 3.5㎝(머리), 5.5㎝(몸통)

사용하는 실 폼폼 털실(흰색41) 1볼과 조금 더

기타 재료

눈 : 고양이 눈(7.5㎜ 골드) 2개

코 : 양모펠트(샤벳핑크71LP, 애프리콧72PE) 소량

입 : 양모펠트(갈색68BR) 소량

귀 : 펠트(흰색) 3×7㎝ ※ 귀 안쪽은 분홍색 색연필로 칠한다.

다리, 꼬리 : 양모펠트(흰색66WH), 모루(꼬리용) 10㎝

만드는 법

1 도안과 같이 실을 감아 3.5㎝, 5.5㎝의 폼폼을 만든다. 폼폼메이커에서 꺼내 모양을 대충 정돈한다.

2 2.5㎝ 폭의 두꺼운 종이에 해당 실을 1줄로 26번 감아 머즐이 되는 작은 폼폼을 만든다. 머리와 머즐을 연결한다(p.52-A 참고).

3 삼색 고양이, 갈색 고양이를 만드는 법(p.60~61)을 참고하여 얼굴을 만든다.

4 귀는 패턴을 따라 펠트를 자른 뒤 안쪽이 될 부분을 색연필로 칠한다. 패턴의 점선을 따라 접고 귀 끝부분에만 본드를 살짝 발라 오목한 귀 모양을 만든다.

5 몸통을 아래 사진을 참고하여 대충 자른다. ▶ **point①**

6 귀 위치를 정하여 머리에 본드로 붙인다.

7 머리와 몸통을 연결한다(p.52-B 참고).

8 목 주변을 펠트용 바늘로 단단하게 뭉친 뒤(p.53 참고), 오른쪽 사진을 참고하여 전체 표면을 정돈한다.

9 양모펠트로 다리와 꼬리를 만든다. ▶ **point②** 앞다리는 펠트용 바늘로 찔러 고정시킨다. ▶ **point③** 뒷다리와 꼬리는 본드로 붙인다.

point①

다리와 몸통 연결 부분을 V자로 자른다. 전체적으로 동그란 모양이 되도록 한다.

point②

꼬리는 모루에 양모펠트를 감아 펠트용 바늘로 찔러 만든다. 다리는 양모펠트를 패턴 크기로 가볍게 뭉친 뒤, 펠트용 바늘로 찔러 단단히 뭉친다.

point③

앞다리는 몸통과 각도를 균형 있게 맞춰서, 가슴 아래 부분에 펠트용 바늘로 찔러서 고정시킨다. 실을 헤치고, 앞다리 연결 부분을 아래에서 펠트용 바늘로 찔러 단단히 고정시킨다.

실 감기 도안

- 2줄
- Ⓐ Ⓑ 동일

면실의 매듭(아래)
↓
Ⓐ 위 / Ⓑ 아래

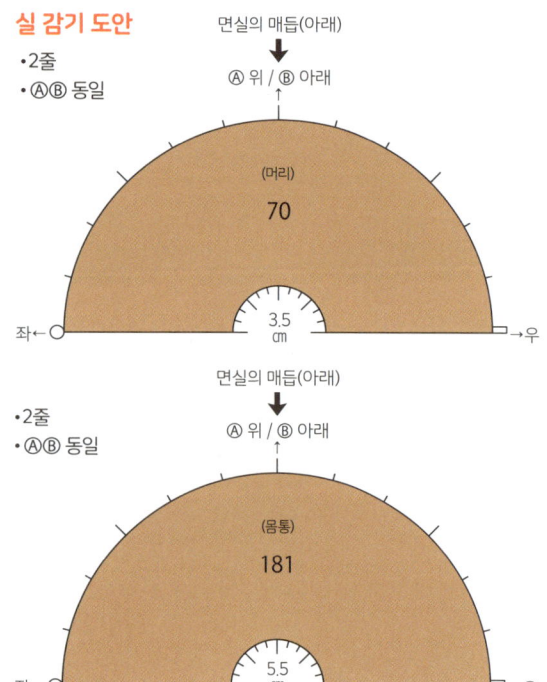

(머리)
70

3.5
㎝

좌 ←○ ○→ 우

면실의 매듭(아래)
↓
Ⓐ 위 / Ⓑ 아래

- 2줄
- Ⓐ Ⓑ 동일

(몸통)
181

5.5
㎝

좌 ←○ ○→ 우

실 자르는 기준

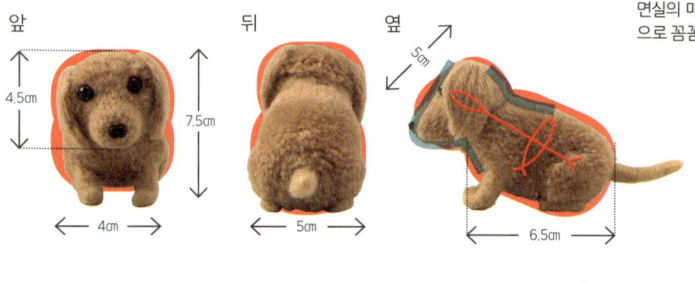

앞
4.5㎝
7.5㎝
4㎝

뒤
5㎝

옆
5㎝
6.5㎝

아래
4㎝

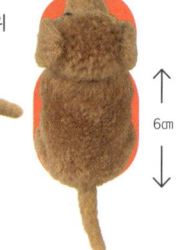

위
6㎝

재료

폼폼메이커
3.5㎝(머리), 5.5㎝(몸통)

사용하는 실
폼폼 털실(베이지45) 2볼

기타 재료
눈 : 나사형 눈(8㎜ 검은색) 2개
코 : 개 코(8㎜ 검은색) 1개
다리, 꼬리 : 양모펠트(비스킷67BE)

만드는 법

1 도안과 같이 면실을 감아 3.5㎝, 5.5㎝의 폼폼을 만든다. 폼폼메이커에서 꺼내 모양을 대충 정돈한다.

2 10㎝ 폭의 두꺼운 종이에 해당 실을 1줄로 5번 감고 윗부분에서 면실로 매듭지어 귀를 만든다. 펠트용 바늘로 찔러 단단히 뭉치고 패턴을 따라 귀 끝을 자른다. ▶ point①

3 머리를 펠트용 바늘로 찌른 뒤, 잘라서 머즐을 만든다. ▶ point② 눈 위치를 정하여 꽂고, 머리는 가위질과 펠트용 바늘로 정돈한다.

4 시침핀을 꽂아 귀 위치를 결정한다. 귀의 면실을 바늘에 꿰어 귀를 연결한다(p.72-point① 참고). 귀의 끝부분 안쪽에 본드를 발라서 붙인다.

5 눈과 코를 본드로 붙인다. 몸통은 아래 사진을 참고하여 대충 자른다. 머리는 몸통과 연결한다(p.52-B 참고). 몸통을 아래 사진을 참고하여 가위질과 펠트용 바늘로 정돈한다.

6 양모펠트를 다리와 꼬리 패턴을 따라 펠트용 바늘로 찔러 단단히 뭉친다.

7 앞다리는 펠트용 바늘로 찔러서 몸통에 고정시키고, 뒷다리와 꼬리는 본드로 붙인다.

point①

면실의 매듭을 뒤로 옮기고 전체적으로 꼼꼼하게 찔러 단단히 뭉친다.

point②

펠트용 바늘로 코 전체를 찔러서 뭉친 뒤, 가위로 표면을 정돈한다.

펭귄 *p.18*

패턴 p.95, 실 감기 도안 p.91

재료

폼폼메이커
3.5㎝(머리), 5.5㎝(몸통)

사용하는 실
폼폼 털실(검은색55)
폼폼 털실(흰색41)
폼폼 털실(연갈색42)

기타 재료
눈 : 나사형 눈(4㎜ 검은색) 2개
날개 : 펠트(회색) 6×7㎝
부리, 발 : 펠트(검은색) 6×7㎝

만드는 법

1 도안과 같이 실을 감아 3.5㎝, 5.5㎝의 폼폼을 만든다. 폼폼메이커에서 꺼내 모양을 대충 정돈한다.

2 머리와 몸통을 연결한다. ▶ point①

3 오른쪽 사진을 참고하여 폼폼을 자른다.

4 눈을 해당 위치에 꽂는다(p.47 참고).

5 부리, 날개, 발은 패턴을 따라 펠트를 각각 자른다. 부리는 표면에 본드를 칠해 모양을 잡은 뒤 말린다(p.51 참고). 각각 위치를 정하여 본드로 붙인다.

6 눈을 본드로 붙인다(p.48 참고).

point①

코바늘을 사용하여 머리의 면실을 당겨 몸통에 통과시켜 연결한다. 연결 부분에 본드를 발라 붙인다.

2번 묶어서 면실을 짧게 자르고 매듭은 본드로 붙인다.

실 자르는 기준

앞   뒤   ← 4㎝ →

9㎝   3㎝   6㎝

옆

5.5㎝

아래   위

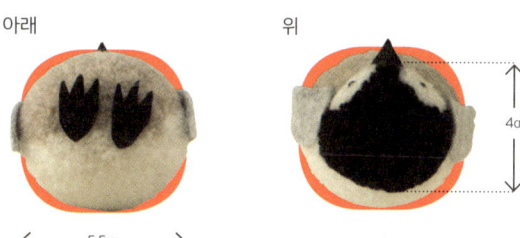

4㎝

5.5㎝

물범 *p.19*

패턴 p.95

실 감기 도안

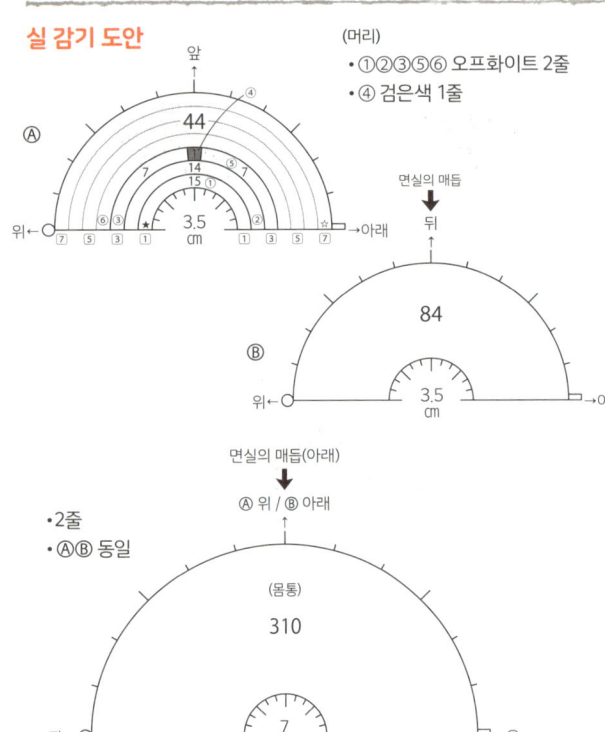

(머리)
- ①②③⑤⑥ 오프화이트 2줄
- ④ 검은색 1줄

재료

폼폼메이커
3.5㎝(머리), 7㎝(몸통)

사용하는 실
세탁이 가능한 합태사
(오프화이트1) 2볼
세탁이 가능한 합태사(검은색15)

기타 재료
눈 : 나사형 눈(6㎜ 검은색) 2개
코 : 나사형 코(6㎜ 검은색) 1개
앞다리, 꼬리지느러미 :
펠트(오프화이트) 7×9㎝

만드는 법

1 도안과 같이 실을 감아 3.5㎝, 7㎝의 폼폼을 만든다. 2.5㎝ 폭의 두꺼운 종이에 해당 실을 1줄로 34번 감아 머즐을 만든다.

2 머리와 머즐을 연결한다(p.52-A 참고). 머즐을 펠트용 바늘로 찔러 단단하게 만든다. 아래 사진을 참고하여 머리를 자른다. 눈과 코의 위치를 정하여 붙인다(p.47~48 참고).

3 머리와 몸통을 연결한다. ▶ point① 몸통을 대충 자른다. 펠트용 바늘로 꼬리지느러미 연결 부분과 등을 찔러서 단단하게 만들고, 몸통을 꼼꼼하게 잘라 모양을 정돈한다.

4 패턴을 따라 자른 앞다리와 꼬리지느러미를 본드로 붙인다.

point①

머즐과 머리를 연결한 면실로 머리와 몸통도 연결한다. 면실은 연결하면 자른다.

실 자르는 기준

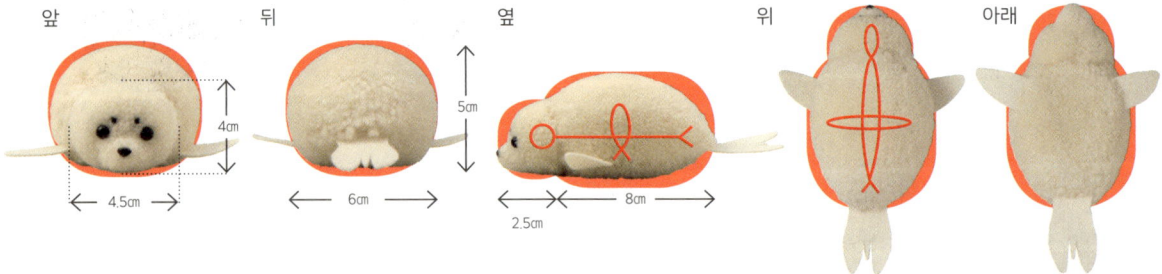

앞   뒤   옆   위   아래

열대어 *p.20*

패턴 p.95

실 감기 도안

- ① 흰색, ② 검은색
- 2줄

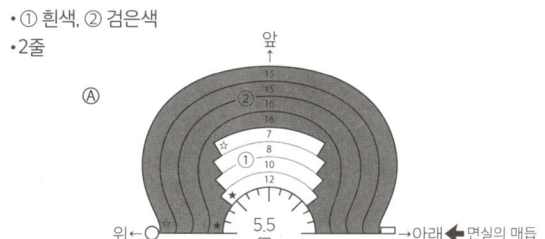

- ①③ 흰색, ② 검은색
- 2줄

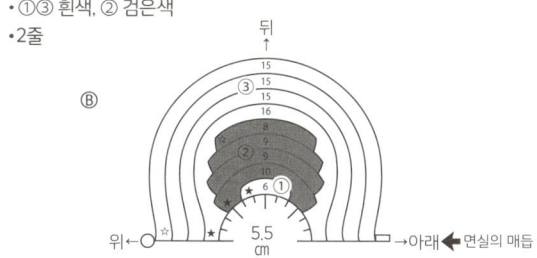

재료

폼폼메이커
5.5㎝

사용하는 실
NEW 세탁이 가능한
메리노(흰색1)
세탁이 가능한 합태사
(검은색15)

기타 재료
눈 : 플라스틱 눈(4.5㎜ 갈색) 2개
등지느러미① : 펠트(흰색) 7×11㎝
가슴지느러미, 등지느러미②, 꼬리지느
러미 : 펠트(노란색) 4×8㎝
배지느러미, 뒷지느러미 :
펠트(검은색) 3×7㎝

만드는 법

1 도안과 같이 실을 감아 5.5㎝의 폼폼을 만든다. ▶ point① 폼폼메이커
　에서 꺼내 대충 정돈한다(p.50 참고).
2 묶은 면실의 위치를 확인하여 방향을 맞춘 뒤, 아래 사진을 참고하여 실
　을 자른다.
3 등지느러미①은 펠트를 2장 잘라서 본드로 붙인 뒤, 패턴에 따라 자른다.
　다른 지느러미도 같은 방법으로 자른다.
4 아래 사진을 참고하여 각 지느러미를 본드로 붙인다.
5 눈 위치를 결정하여 본드로 붙인다(p.44 참고).

point①

실 감기 도안을 보면서 줄무늬가 되도록　폼폼메이커에서 꺼낸 모습이다.
실을 감는다.

실 자르는 기준

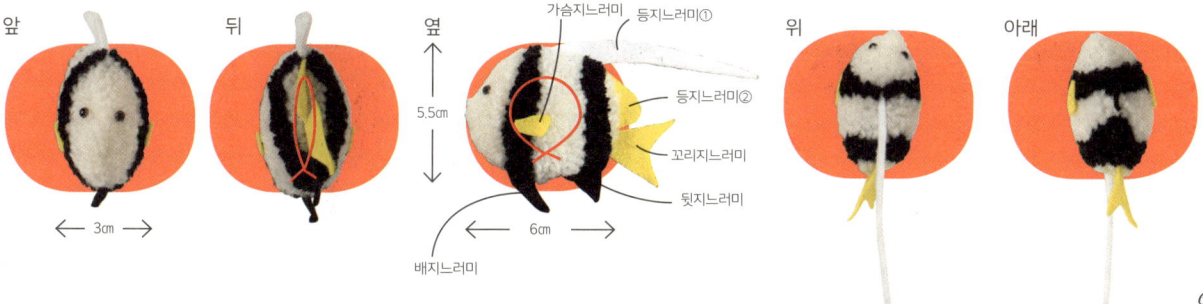

앞　　　뒤　　　옆　　　위　　　아래

← 3㎝ →　　　5.5㎝　← 6㎝ →

가슴지느러미　등지느러미①
등지느러미②
꼬리지느러미
뒷지느러미
배지느러미

복어 *p.21*

패턴 p.95

실 감기 도안

- ① 2줄(검은색,검은색)
- ② 3줄(검은색, 검은색, 연회색)
- ③ 2줄(검은색, 연회색)
- ④ 2줄(연회색, 흰색)
- ⑤ 1줄(흰색)

※ 같은 색 실은 자르지 않고
   이어서 감는다.

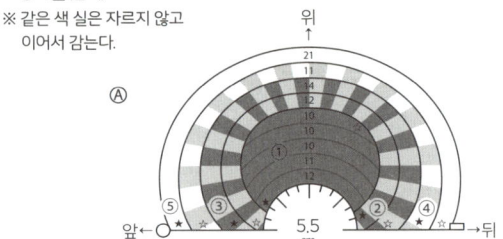

Ⓐ

위

- 흰색 2줄

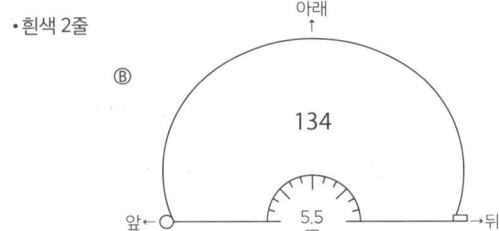

Ⓑ

134

아래

앞 ← 　　　5.5 ㎝　　　 → 뒤

재료

폼폼메이커
5.5㎝

사용하는 실
NEW 세탁이 가능한 메리노
(검은색21, 연회색19, 흰색1)

기타 재료
눈 : 플라스틱 눈(4.5㎜ 갈색) 2개
등지느러미, 꼬리지느러미 :
펠트(검은색) 4×8㎝
가슴지느러미, 뒷지느러미, 입 :
펠트(회색) 4×8㎝

만드는 법

1 도안과 같이 실을 감아 5.5㎝의 폼폼을 만든다. ▶ point①
   폼폼메이커에서 꺼내 모양을 대충 정돈한다.
2 아래 사진을 참고하여 실을 자른다.
3 각 지느러미를 본드로 붙인다.
4 눈 위치를 정하여 본드로 붙인다(p.47~48 참고).
5 입은 펠트 양면에 본드를 얇게 발라 손가락으로 오목하게 만들어 말리
   고, 마르면 본드로 해당 위치에 붙인다. ▶ point②

point①

처음에는 검은색 2줄, 다음엔 검은
색 2줄 + 연회색 1줄, 그다음은 검은
색 1줄 + 연회색 1줄, 그다음은 연회
색 1줄 + 흰색 1줄로 감는다. 마지막
은 흰색 1줄로 감는다.

point②

본드가 마르기 전에 손가락으로 오
목하게 만든다. 모양이 잡히면 손가
락에서 떼어 말린다.

실 자르는 기준

앞　　　뒤　　　옆　　　위　　　아래

가슴지느러미　　등지느러미

5.5㎝

6㎝　　　　6㎝

꼬리지느러미

뒷지느러미

앵무새 *p.22*

실 감기 도안

- ① 흰색 1줄
- ②③ 하늘색 2줄
- 파란색 1줄

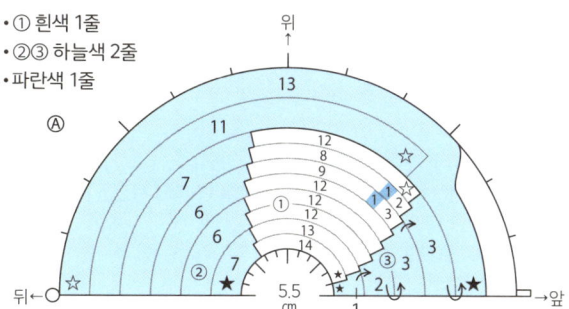

Ⓐ

위

13
11
7
6
6
7
②
5.5 cm
1

12
8
12
12
①
12
12
13
14
③
③
2
3
3

뒤←
앞→
☆
★
☆
★

면실의 매듭
↓
아래
↑

- 하늘색 2줄

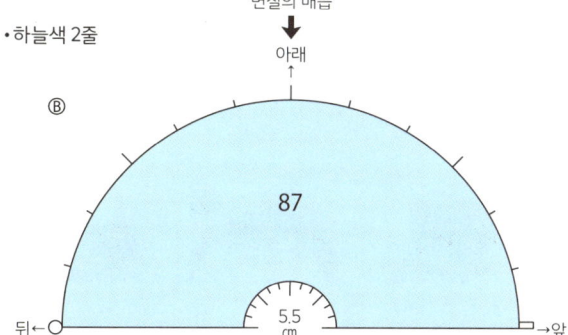

Ⓑ

87

5.5 cm

뒤←
앞→

재료

폼폼메이커
5.5㎝

사용하는 실
NEW 세탁이 가능한 메리노(흰색01)
졸리 타임 II(하늘색11)
졸리 타임 II(파란색9)

기타 재료
눈 : 나사형 눈(4㎜ 검은색) 2개
부리 : 펠트(연노란색) 2×2㎝

만드는 법

1 도안과 같이 실을 감아 5.5㎝의 폼폼을 만든다(파란색 감는 법은 p.74-point① 참고). 폼폼메이커에서 꺼내 모양을 대충 정돈한다(p.50 참고). 아래 사진을 참고하여 자른다. ▶ point①

2 펠트 양면에 본드를 얇게 발라(p.51 참고), 오목하게 만든 뒤 말린다.

3 눈 위치를 결정하여 붙인다(p.44 참고). 말린 펠트를 부리 패턴에 맞춰서 자른다. 하늘색 실 1줄을 코 위치에 본드로 붙인다. 부리 위치를 결정하여 본드로 붙인다.

point①

앞   뒤

뒤쪽은 실이 삐죽삐죽 튀어나오게 한다. 머리는 작게 몸은 통통하게 만든다.

실물 크기 패턴
부리

실 자르는 기준

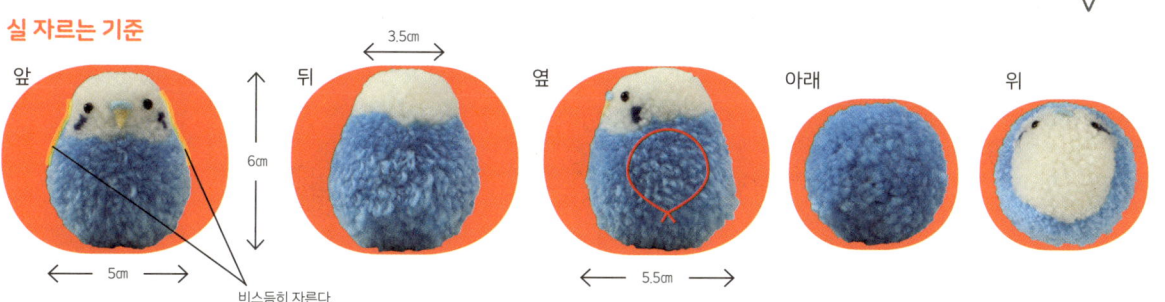

앞   뒤   옆   아래   위

3.5㎝

6㎝

5㎝

5.5㎝

비슷히 자른다.

개구리 _p.23_

실 감기 도안

• 연두색 2줄

Ⓐ

위↑

210

5.5 ㎝

뒤← →앞

• 오프화이트 2줄

면실의 매듭

아래↑

Ⓑ

178

5.5 ㎝

뒤← →앞

재료

폼폼메이커
5.5㎝

사용하는 실
세탁이 가능한 합태사(연두색13)
세탁이 가능한 합태사(오프화이트1)

기타 재료
눈 : 플라스틱 눈(12㎜ 갈색) 2개
코 : 나사형 눈(2㎜ 검은색) 2개

만드는 법

1 도안과 같이 실을 감아 5.5㎝의 폼폼을 만든다.

2 폼폼메이커에서 꺼내 모양을 대충 정돈한 뒤, 아래 사진을 참고하여 자른다.

3 2.5㎝ 폭의 두꺼운 종이에 해당 실을 1줄로 25번 감아 눈두덩이 되는 작은 폼폼을 2개 만든다.

4 머리에 시침핀을 꽂아 눈두덩 위치를 정한 뒤, 작은 폼폼을 연결한다.
▶ point①

5 눈가를 잘라서 정돈한다.

6 눈(플라스틱 눈) 위치를 정하여 본드로 붙인다(p.47~48 참고). 코 위치를 정하여 본드로 붙인다.

point①

1
아래 사진을 참고하여 눈두덩의 위치를 정한다.

2
눈두덩의 중심을 묶은 면실을 돗바늘에 꿰어 머리 중심 면실에 통과시킨다.

3
통과시키면 반대쪽 작은 폼폼의 면실과 단단히 묶는다.

실 자르는 기준

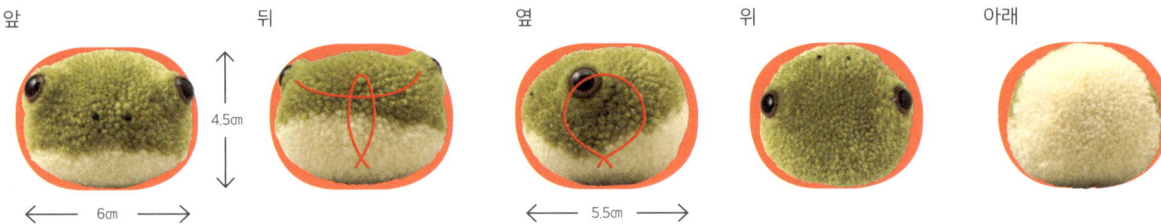

앞   뒤   옆   위   아래

4.5㎝

6㎝   5.5㎝

돼지1 *p.24*

패턴 p.95

실 감기 도안

• 2줄
• Ⓐ Ⓑ 동일

면실의 매듭(아래)

Ⓐ 위 / Ⓑ 아래

168

5.5 ㎝

좌 ←○

우

재료

폼폼메이커
5.5㎝

사용하는 실
폼폼 털실(분홍색48)

기타 재료
눈 : 나사형 눈(5㎜ 검은색) 2개
코, 귀 : 펠트(분홍색) 3.5×5㎝
다리, 꼬리 :
양모펠트(샤벳핑크71LP) 적당량

만드는 법

1 도안과 같이 실을 감아 5.5㎝의 폼폼을 만든다. 폼폼메이커에서 꺼내 모양을 대충 정돈한다.

2 얼굴은 아래 사진을 참고하여 폼폼을 펠트용 바늘로 찌른 뒤, 잘라서 정돈한다. 전체를 가위질하여 모양을 만든다. ▶ point①

3 코 패턴을 따라 펠트를 자른 뒤 구멍을 뚫어 해당 위치에 본드로 붙인다.

4 눈 위치를 정하여 본드로 붙인다(p.47~48 참고).

5 귀 패턴을 따라 펠트를 자른 뒤, 끝에 본드를 발라 모양을 잡고 클립으로 고정시켜 말린다(p.74- point③ 참고). 몸통에 본드로 붙인다(p.49 참고).

6 다리와 꼬리는 패턴을 따라 양모펠트를 펠트용 바늘로 찔러 단단히 뭉친다. 꼬리는 펠트용 바늘로 찔러서 구부린다. 다리와 꼬리 위치를 정하여, 본드로 붙인다.

point①

한쪽 면에 코를 만든다. 사진과 같이 펠트용 바늘로 찔러서 코를 단단하게 만든다. 펠트를 붙이는 부분은 평평하게 자른다.

실 자르는 기준

앞

5㎝

뒤

4.5㎝

옆

6㎝

위

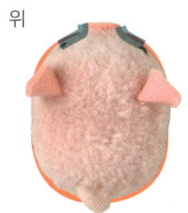

아래

딸기 토끼 *p.25*

패턴 p.95

재료

폼폼메이커
5.5㎝

사용하는 실
NEW 세탁이 가능한 메리노
(빨간색9)
NEW 세탁이 가능한 메리노
(흰색1)

기타 재료
눈 : 나사형 눈(6㎜ 검은색) 2개
코 : 나사형 코(3㎜ 검은색) 1개
귀 : 펠트(흰색) 4×5㎝
방석 : 펠트(연두색) 7×7㎝

실 감기 도안

• 모두 1줄

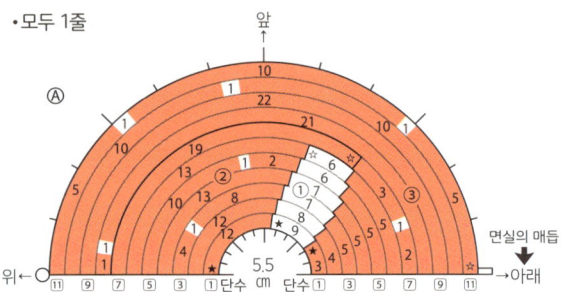

• 모두 1줄

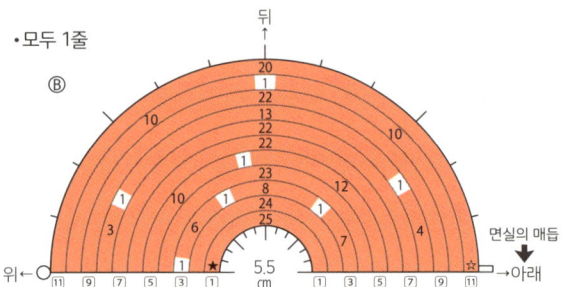

만드는 법

1 도안과 같이 실을 감아 5.5㎝의 폼폼을 만든다. ▶ point①
   폼폼메이커에서 꺼내 모양을 대충 정돈한다.
2 실 길이를 달리하여(p.50 참고) 딸기 모양이 되도록 자른다. ▶ point②
3 눈과 코는 위치를 정하여 본드로 붙인다(p.47~48 참고).
4 귀는 패턴을 따라 펠트(흰색)를 자른 뒤, 아랫부분에 본드를 발라 모양을
   잡고 클립으로 고정하여 말린다. ▶ point③
5 귀 위치를 정하여(p.49 참고) 본드로 붙인다. 펠트(연두색)를 방석 패턴을
   따라 잘라서 몸통에 본드로 붙인다.

point①

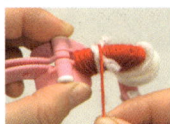

흰색 실을 1번 감은 뒤 비
스듬히 잘라 그 위에 빨
간색 실을 감는다. 도안
을 보면서 흰색 실이 제
위치에 들어가게 한다.

point②

시침핀을 꽂아 정수리를
표시하고, 이를 기준으로
딸기 모양이 되도록 실을
잘라 정돈한다(p.50).

point③

펠트 아랫부분에 본드
를 발라 모양을 잡고 클
립으로 고정하여 그대로
말린다.

실 자르는 기준

앞

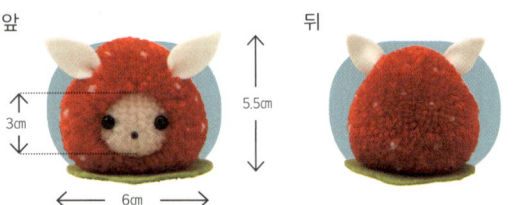

3㎝
6㎝
5.5㎝

뒤

옆

5.5㎝

위

햄스터 *p.26*

실 감기 도안 p.92

실 자르는 기준

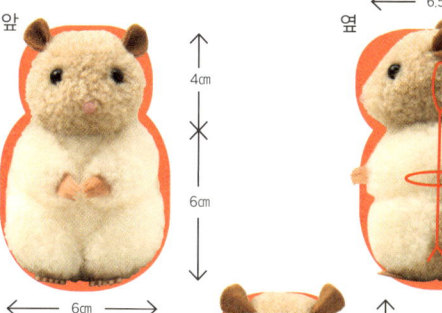

앞

옆

6.5㎝

4㎝

6㎝

6㎝

뒤

3.5㎝

6.5㎝

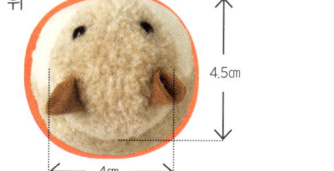

위

4.5㎝

4㎝

아래

6㎝

재료

폼폼메이커 3.5㎝(머리), 5.5㎝(몸통)

사용하는 실
머리, 몸통 : 폼폼 털실(연베이지44)
몸통 : 폼폼 털실(흰색41)

기타 재료
눈 : 나사형 눈(6㎜ 검은색) 2개
코 : 비즈(4㎜ 분홍색) 1개
귀 : 펠트(베이지) 3×6㎝
발 : 펠트(브라운베이지) 6×4㎝

만드는 법

1 도안과 같이 실을 감아 3.5㎝, 5.5㎝의 폼폼을 만든다. 폼폼메이커에서 꺼내 모양을 대충 정돈한다.

2 오른쪽 사진을 참고하여 머리를 자른다. 몸통은 대충 자른다.

3 머리와 몸통을 연결한다(p.52-B 참고).

4 오른쪽 사진을 참고하여 몸통을 잘라 정돈한다. ▶ point①

5 눈과 코 위치를 정하여 본드로 붙인다(p.47~48 참고).

6 귀는 패턴을 따라 자른 다음, 아랫부분에 본드를 발라 모양을 잡고 클립에 끼워서 말린다(p.74-point③ 참고).

7 발은 펠트 양면에 꼬치로 본드를 얇게 발라 말린다. ▶ point②

8 7의 펠트가 마르면 발가락 모양을 자른다. ▶ point③

9 발과 귀 위치를 정하여(p.49 참고) 본드로 붙인다.

point①

몸통의 위와 아래에 각각 손과 다리가 나오도록 사진과 같이 자른다.

point②

앞발은 본드가 마르기 전에 손가락으로 가볍게 집어 동그란 모양으로 만들어둔다. 모양이 잡히면 손을 떼고 말린다.

point③

본드가 굳으면 발가락 모양을 자른 뒤, 본드를 얇게 발라 단단하게 만든다.

실물 크기 패턴

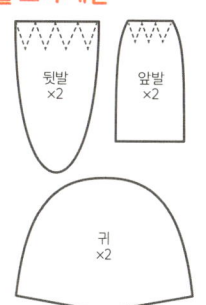

뒷발
×2

앞발
×2

귀
×2

실 감기 도안

- 2줄
- ⒜⒝ 동일

면실의 매듭(뒤)
⬇
⒜ 앞 / ⒝ 뒤

(머리)
41

위←   3.5 ㎝   →아래

- 2줄
- ⒜⒝ 동일

면실의 매듭(아래)
⬆
⒜ 위 / ⒝ 아래

(몸통)
82

좌←   5.5 ㎝   →우

실 자르는 기준

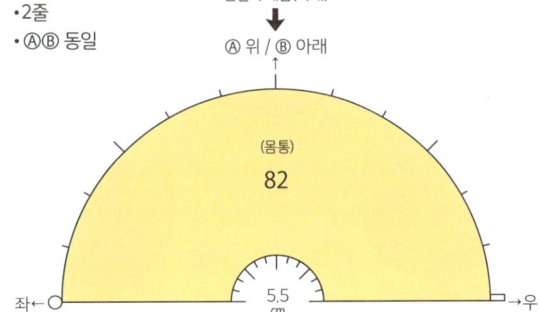

앞   뒤 ← 4㎝ →   옆

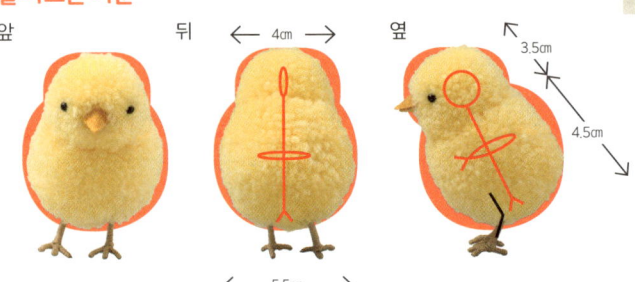

3.5㎝
4.5㎝
← 5.5㎝ →

재료

폼폼메이커	기타 재료
3.5㎝(머리), 5.5㎝(몸통)	눈 : 나사형 눈(4㎜ 검은색) 2개
사용하는 실	부리 : 펠트(노란색) 3×3㎝
하마나카 베이비베이비	다리 : 와이어(24호) 18㎝
-합태사(노란색6)	25번 자수실(베이지) 1타래

만드는 법

1 도안과 같이 실을 감아 3.5㎝, 5.5㎝의 폼폼을 만든다. 폼폼메이커에서 꺼내 모양을 대충 정돈한다.

2 머리와 몸통을 연결한다(p.52-B 참고). 부리는 패턴을 따라 펠트를 자른 뒤, 펠트 양면에 꼬치로 본드를 얇게 바른다. 가운데를 접어 부리 모양으로 만들어 말린다(p.51 참고).

3 아래 사진을 참고하여 폼폼을 자른다.

4 눈과 부리의 위치를 정하여 본드로 붙인다(p.44 참고).

5 와이어를 사진과 같은 모양으로 구부린다. 자수실을 3가닥으로 하여 조금씩 본드를 바르면서 와이어에 감는다. ▶ point①

6 다리는 위치를 정하여 그곳의 실을 헤치고 본드로 붙인다. ▶ point② 와이어 각도를 조절해서 세운다.

point①

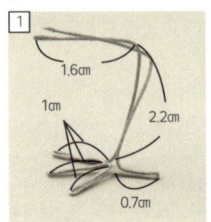

1.6㎝
1㎝
2.2㎝
0.7㎝

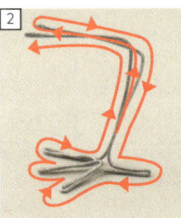

① 와이어를 다리 모양으로 만든다.
② 자수실은 한 방향으로만 감는다.

point②

다리는 몸이 앞으로 기우는 자세로 붙이면 균형을 잡기가 쉽다(왼쪽 사진 옆면 참고). 다리를 붙일 위치의 실을 핀셋으로 헤친 뒤, 다리와 폼폼 양쪽에 본드를 발라서 붙인다.

햄버거 _p.28_

패턴 p.93

※ 연노란색 펠트는 정사각형으로 자른 뒤 가운데를 잘라낸다.

실 감기 도안

- 빵 부분 2줄
- 패티 부분 1줄
- Ⓐ Ⓑ 동일

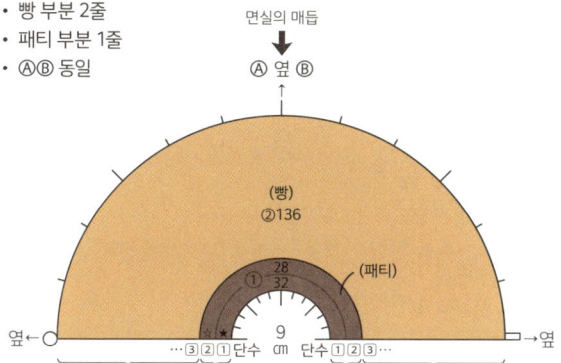

면실의 매듭

Ⓐ 옆 Ⓑ

(빵)
②136

(패티)

28
①32

9

단수 ③②① ★ 단수 ①②③

2줄 1줄 1줄 2줄

실 자르는 기준

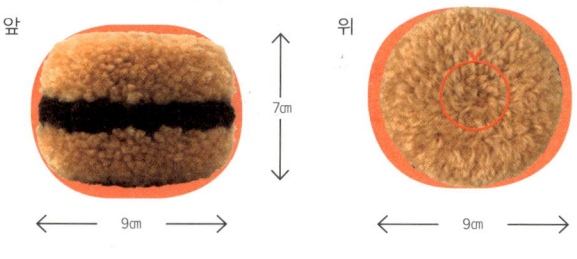

앞
9cm
7cm

위
9cm

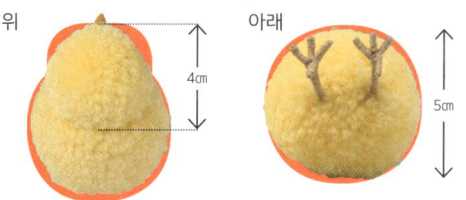

위
4cm

아래
5cm

재료

폼폼메이커
9cm

사용하는 실
빵 : 졸리 타임 Ⅱ(연갈색37)
패티 : 졸리 타임 Ⅱ(갈색20)

기타 재료
펠트(빨간색) 18×18cm
펠트(연노란색) 8.5×8.5cm
펠트(연두색) 10×20cm

만드는 법

1 도안과 같이 실을 감아 9cm의 폼폼을 만든다.
2 폼폼메이커에서 꺼내 모양을 대충 만든 뒤, 사진을 참고하여 모양을 정돈한다. 동그란 모양이 되도록 위에서 모양을 확인하며 자른다.
3 햄버거 모양을 동그랗게 만들면서, 색이 바뀌는 부분(빵과 패티 경계 부분)은 실 길이에 차이를 준다(p.50 참고).
4 펠트를 각 패턴에 맞춰서 자른다. ▶ point① 빨간색 펠트는 3장을 겹쳐서 본드로 붙인 뒤 자른다. ▶ point②
5 패티와 빵 사이에, 4의 펠트를 연노란색, 빨간색, 연두색 순으로 끼운다. 각 조각을 본드로 붙인다. ▶ point③

point①

펠트를 각 패턴에 맞춰서 자른다. 폼폼에 끼워서 붙일 수 있게 가운데를 둥글게 뚫는다.

point②

빨간색 펠트 전체에 본드를 발라 3장을 겹치고, 본드가 마르면 패턴에 맞춰서 자른다.

point③

빵과 패티 사이를 핀셋으로 넓혀서 펠트를 끼운다. 펠트의 잘린 부분이 안 보이는 위치에 오도록 조절하고 잘린 부분은 본드로 붙인다.

브로콜리 *p.28, 29*

실 감기 도안

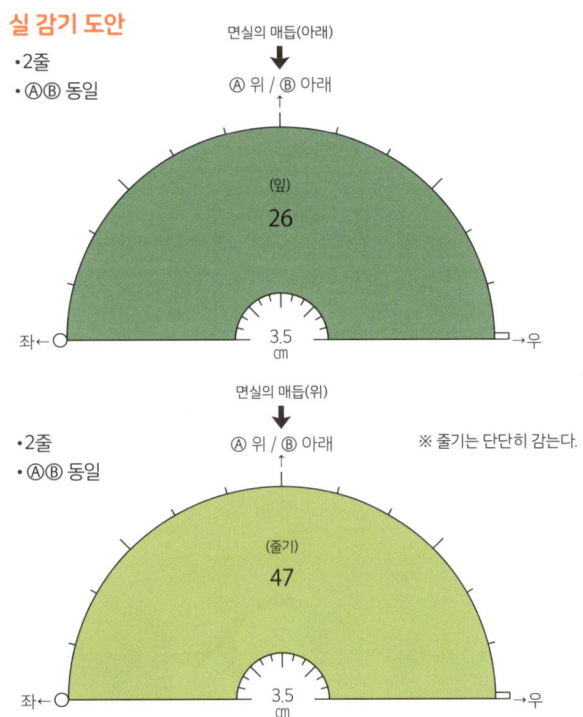

• 2줄
• ⒶⒷ 동일

면실의 매듭(아래)
↓
Ⓐ 위 / Ⓑ 아래

(잎)
26

좌← →우

3.5
㎝

면실의 매듭(위)
Ⓐ 위 / Ⓑ 아래

※ 줄기는 단단히 감는다.

• 2줄
• ⒶⒷ 동일

(줄기)
47

좌← →우

3.5
㎝

재료

폼폼메이커
3.5㎝(잎, 줄기)

사용하는 실
잎 : 졸리 타임 II(진초록07)
줄기 : 마마아무-병태사(연두색61)

만드는 법

1 도안과 같이 면실을 감아 3.5㎝의 폼폼을 2개 만든다. 폼폼메이커에서 꺼내 모양을 대충 정돈한다.

2 줄기 폼폼은 원통 모양으로 자른다. ▶ point①

3 2의 중심을 묶은 면실이 안 보이도록 주변을 펠트용 바늘로 찔러서 단단하게 만든다. ▶ point②

4 3의 끝을 평평하게 자른다. ▶ point③

5 잎 폼폼은 면실의 매듭을 아래로 두고, 사진을 참고하여 대충 자른다. 줄기 폼폼과 연결한다(p.52-A).

point①

중심을 묶은 면실을 자르지 않도록 조심하면서 측면을 평평하게 자른다.

point②

중심을 묶은 면실이 보이지 않도록 주변의 실을 펠트용 바늘로 찔러 정돈한다.

point③

→ 아래쪽

잎 폼폼과 연결할 위쪽 면은 자르지 않는다.

실 자르는 기준

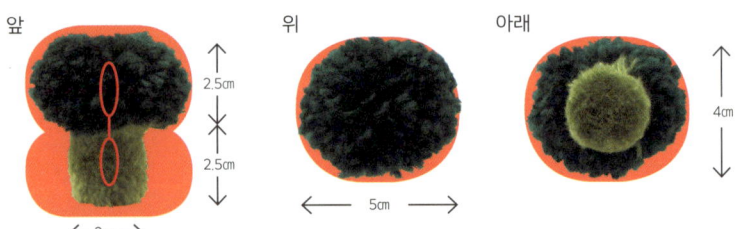

앞   위   아래

2.5㎝

2.5㎝

← 2㎝ →

← 5㎝ →

4㎝

사과 *p.29*

패턴 p.86

실 감기 도안

• 2줄 • Ⓐ Ⓑ 동일

면실의 매듭(아래)
↓
Ⓐ 위 / Ⓑ 아래

52

좌 ← | → 우
3.5cm

실 자르는 기준

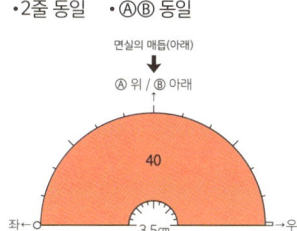

앞
3.5cm
2cm

위
4cm

아래

재료

폼폼메이커
3.5cm

사용하는 실
NEW 세탁이 가능한 메리노(빨간색9)

기타 재료
꼭지 : 수예용 끈(갈색) 7cm
잎 : 펠트(연두색) 4×3cm

만드는 법

1 도안과 같이 실을 감아 3.5cm의 폼폼을 만든다. 폼폼메이커에서 꺼내 모양을 대충 정돈한다.

2 수예용 끈을 돗바늘에 꿰어 1의 중앙을 묶은 면실에 연결해 꼭지를 만든다. 단단히 묶고 한쪽을 짧게 잘라 매듭에 본드를 바른다.

3 사진을 참고하여 폼폼을 자른다. ▶ point① 꼭지 주변은 약간 파이도록 자른다. ▶ point② 면실은 짧게 자른다.

4 펠트를 잎 패턴에 맞춰서 자른 뒤 꼭지 옆에 본드로 붙인다.

point①

옆면은 아랫부분이 좁아지도록 비스듬히 자른다.

point②

꼭지 주변은 약간 파이도록 자른다.

체리 *p.28*

실 감기 도안

• 2줄 동일 • Ⓐ Ⓑ 동일

면실의 매듭(아래)
↓
Ⓐ 위 / Ⓑ 아래

40

좌 ← | → 우
3.5cm

실 자르는 기준

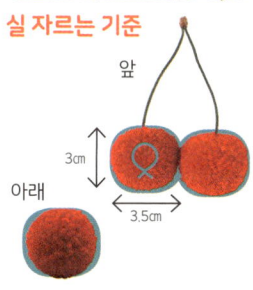

앞
3cm
3.5cm

아래

재료

폼폼메이커
3.5cm

사용하는 실
NEW 세탁이 가능한 메리노(빨간색9)

기타 재료
수예용 끈(진초록색) 20cm
25번 자수실(베이지) 10cm

만드는 법

1 도안과 같이 실을 감아 3.5cm의 폼폼을 만든다. 폼폼메이커에서 꺼내 모양을 대충 정돈한다.

2 사과 만드는 법 2와 동일하게 수예용 끈을 폼폼 중앙 면실에 단단히 묶고 한쪽을 짧게 자른다.

3 사진을 참고하여 폼폼을 동그랗게 자른다. ▶ point①

4 1~3과 같은 방법으로 1개 더 만든다. 끈 끝을 모아 본드로 붙이고 자수실로 돌돌 감는다. ▶ point②

point①

  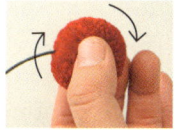

폼폼 중심을 잡고 조금씩 돌리면서 자르면 깔끔한 원 모양을 만들 수 있다.

point②

2개의 폼폼을 연결할 때는 각각 끈에 본드를 발라 붙이고 끝을 자수실로 돌돌 감는다. 다 감은 끝부분은 본드로 붙인다.

2가지 주먹밥(매실장아찌, 김) *p.29*

재료

폼폼메이커 5.5㎝
사용하는 실
김 주먹밥 : 세탁이 가능한 합태사(오프화이트1)
매실장아찌 주먹밥 밥 : 세탁이 가능한 합태사(오프화이트1)
매실장아찌 : NEW 세탁이 가능한 메리노(빨간색9)
기타 재료
펠트(검은색) 8.9×2.5㎝(매실장아찌 주먹밥), 21.2×3.5㎝(김 주먹밥)

만드는 법(동일)

1 도안과 같이 실을 감아 5.5㎝의 폼폼을 만든다.
2 폼폼메이커에서 꺼내 모양을 대충 정돈하고 면실을 짧게 자르되, 모서리가 동그란 삼각형이 되도록 한다.
3 아래 사진을 참고하여 앞과 뒤를 평평하게 자른다.
4 사이즈에 맞게 자른 펠트(김)에 본드를 발라 폼폼에 붙인다.

실 자르는 기준

위　　　　　　　　아래
↑4㎝↓

앞　　　옆　　　앞　　　뒤
↕5.5㎝　　　　　↕6㎝

←6.5㎝→　←4㎝→　←6㎝→　←6㎝→

실 감기 도안

김
•2줄
•Ⓐ Ⓑ 동일

Ⓐ 앞 / Ⓑ 뒤
218
위← →아래
5.5㎝
↑ 면실의 매듭

매실장아찌
•① 빨간색 1줄
•②③④ 오프화이트 2줄

Ⓐ
앞
④136
②27 ★③27
단수 ① ③ ⑤ ⑦ ⑨ ⑪
5.5㎝
위← →아래

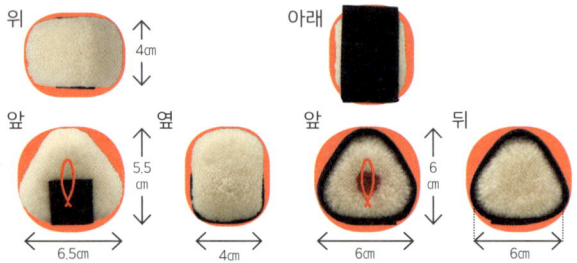

소시지 *p.29*

재료

폼폼메이커 3.5㎝
사용하는 실 세탁이 가능한 합태사(적갈색07)
칼집 : 폼폼 털실(카페오레45)

만드는 법

1 도안과 같이 실을 감아 3.5㎝의 폼폼을 2개 만든다.
2 폼폼메이커에서 꺼내 모양을 대충 정돈한다.
3 폼폼을 연결하고(p.52-A 참고), 면실을 짧게 자른다.
4 연결 부분을 펠트용 바늘로 찔러 자연스럽게 정돈한다. ▶ point①
5 81쪽 아래 사진을 참고하여 폼폼을 자른다.
6 카페오레색 털실을 5 가운데에 비스듬히 두고, 펠트용 바늘로 찔러서 꽂는다. 남은 실은 자른다. 3줄의 칼집 모양을 만든다. ▶ point②

point①

연결 부분은 펠트용 바늘로 가볍게 찌른 뒤 자연스럽게 정돈하고, 면실이 보이지 않도록 주변의 실을 찔러서 숨긴다.

point②

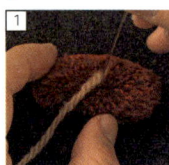

털실을 펠트용 바늘로 가볍게 찌른다.

털실을 표면에 고정시키면 남은 실은 자르고, 펠트용 바늘로 자연스럽게 정돈한다.

Ⓑ
뒤
⑤185
위← →아래
5.5㎝
면실의 매듭 ↓

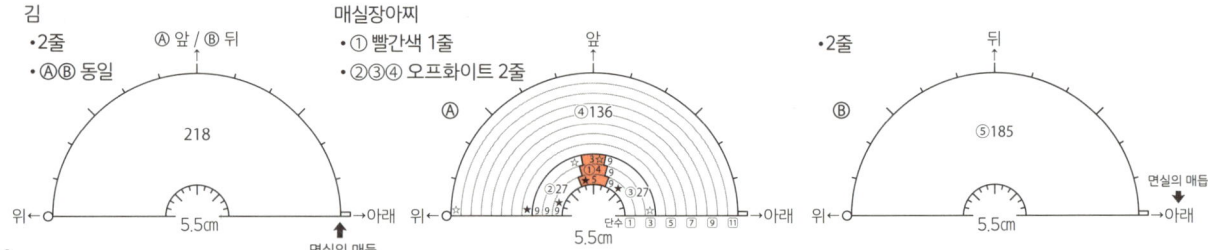

실 감기 도안

- 2줄
- ⒜⒝ 동일

면실의 매듭(아래)
↓
⒜ 위 / ⒝ 아래

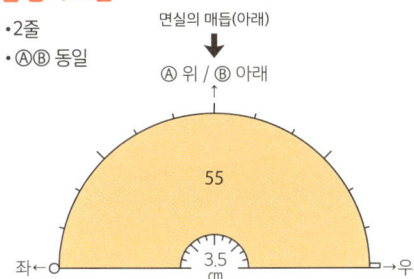

55

3.5 ㎝

좌○ →우

실 자르는 기준

앞   뒤

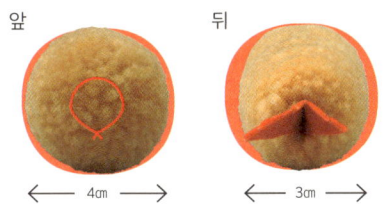

← 4㎝ →   ← 3㎝ →

재료

폼폼메이커
3.5㎝

사용하는 실
NEW 세탁이 가능한 메리노(노란색5)

기타 재료
와이어(20호) 약 20㎝
꼬리 : 펠트(빨간색) 6×4㎝

만드는 법

1 도안과 같이 실을 감아 3.5㎝의 폼폼을 4개 만들어 모양을 대충 정돈한 다음, 와이어를 사용하여 모두 연결한다. ▶point①

2 아래 사진을 참고하여 둥글게 자른다.

3 꼬리 쪽 끝의 실을 헤쳐 놓는다. 펠트 양면에 본드를 얇게 바르고(p.51 참고), 마르면 꼬리 패턴에 맞춰서 자른다. 점선을 따라 접은 다음 클립으로 고정해 모양을 잡고, 몸통에 본드를 발라 붙인다.

point①

| 1 | 2 | 3 |

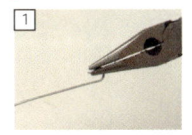

1
와이어 끝을 둥그렇게 구부린다.

2
폼폼 하나에 와이어를 넣어 중심을 묶은 면실에 와이어를 걸고 본드로 붙인다. 같은 방법으로 나머지 3개의 폼폼도 차례로 연결해 본드를 발라 붙인다.

3
마지막 폼폼까지 연결한 다음 모든 폼폼을 바짝 붙인 뒤 와이어를 밑에서 구부리고 니퍼로 자른다. 구부린 부분을 폼폼 안에 넣어 숨기고, 본드를 가볍게 발라 붙인다.

소시지 실 자르는 기준

앞

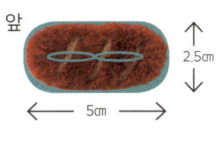

↑
2.5㎝
↓

← 5㎝ →

옆

실 감기 도안

- 2줄
- ⒜⒝ 동일

면실의 매듭(좌)
↓
⒜ 우 / ⒝ 좌

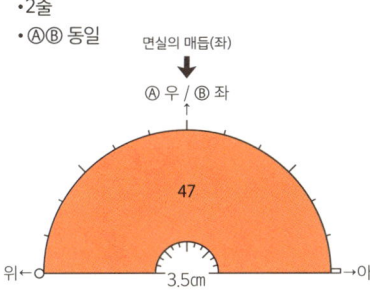

47

3.5㎝

위○ →아래

위

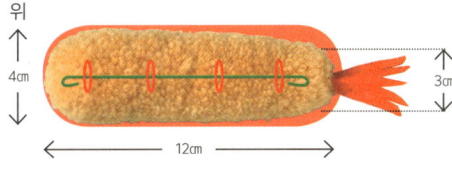

↑
4㎝
↓

↕ 3㎝

← 12㎝ →

삶은 달걀 *p.28*

실 감기 도안

- ① 레몬색 1줄
- ②③ 오프화이트 2줄

위

6
7
8
9
10
①
②26 ③26
좌 ← 3.5 ㎝ → 우

- 2줄

면실의 매듭
아래
84
좌 ← 3.5 ㎝ → 우

재료

폼폼메이커
3.5㎝

사용하는 실
흰자 : 세탁이 가능한 합태사(오프화이트1)
노른자 : 졸리 타임 II(레몬4)

만드는 법

1 도안과 같이 실을 감아 3.5㎝의 폼폼을 만든다. ▶ point①
2 폼폼메이커에서 꺼내 모양을 대충 정돈한 뒤, 아래 사진을 참고하여 달걀 모양이 되도록 실을 자른다.
3 핀셋으로 노른자 부분의 실을 정돈하여 동그랗게 만든다.
4 실이 위로 올라오지 않도록 흰자 끝을 펠트용 바늘로 가볍게 찌른다.

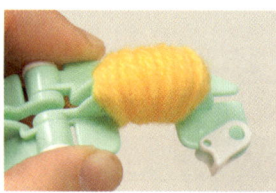

point①
중앙에 노란색 실을 동그란 모양이 되도록 감으면 노른자가 동그래진다.

point②
흰색 실은 바깥쪽에 감는다. 이때 폼폼메이커를 닫는 부분에 털실이 나오지 않도록 주의한다.

실 자르는 기준

앞
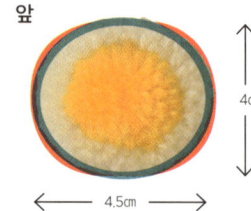
4㎝
4.5㎝

뒤

4.5㎝

옆
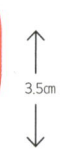
3.5㎝

실을 모두 감은 모습

라운드 케이크 *p.30*

실 감기 도안

- 모두 1줄
- Ⓐⓑ 동일

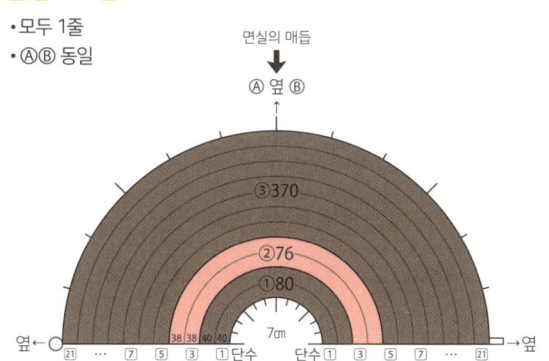

면실의 매듭

Ⓐ 옆 Ⓑ

③370
②76
①80

옆 7cm 옆

| 옆 | ㉑ | … | ⑦ | ⑤ | ③ | ① 단수 | 단수 ① | ③ | ⑤ | ⑦ | … | ㉑ | 옆 |

38 38 40 40

※ 체리 실 감기 도안은 p.79

실 자르는 기준

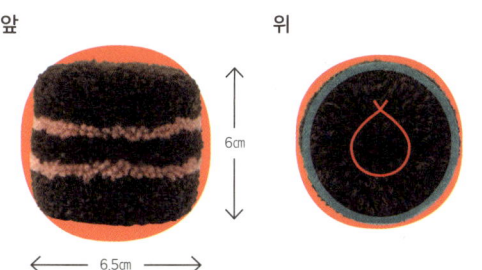

앞

위

6cm

6.5cm

재료

폼폼메이커
3.5cm(체리), 7cm(케이크)

사용하는 실
기초 : 세탁이 가능한 합태사(진갈색05)
크림 : 세탁이 가능한 합태사(분홍색06)
체리 : NEW 세탁이 가능한 메리노(빨간색9)

기타 재료
체리 꼭지 :
수예용 끈(진초록) 10cm

만드는 법

1 도안과 같이 실을 감아 7cm의 폼폼을 만든다.
2 폼폼메이커에서 꺼내 핀셋으로 무늬를 정돈하고, 면실을 짧게 자른다.
3 분홍색 무늬를 세로로 놓고 케이크 측면을 평평하게 자른다. ▶point①
4 분홍색 무늬를 가로로 놓고 위아래를 평평하게 자른다. ▶point② 위에
  서 봤을 때 동그란지 확인하면서 자른다. 실이 올라오지 않도록 끝을 펠
  트용 바늘로 가볍게 찌른다.
5 체리(만드는 방법 p.79 참고) 폼폼을 만든다.
6 케이크 위에 체리를 본드로 붙인다.

point①

케이크 측면이 되는 부분이다.
실이 삐져나오지 않도록 평평
하게 자른다.

point②

케이크 위아래가 되는 부분이다.
위에 체리를 올릴 수 있게 평평
하게 자른다.

컵케이크 *p.31*

실 감기 도안

•2줄(크림 1, 2 동일)

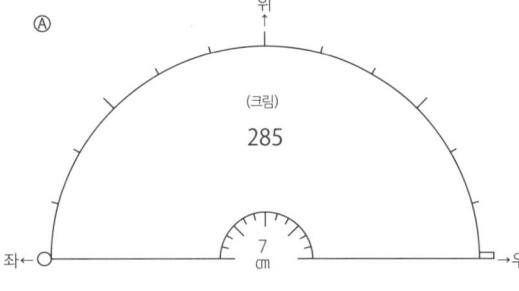

Ⓐ

위

(크림)

285

7㎝

좌← ○   →우

•노란색 2줄

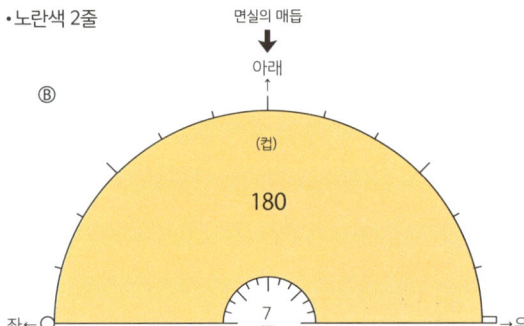

면실의 매듭

아래

Ⓑ

(컵)

180

7㎝

좌← ○   →우

※ 딸기 실 감기 도안은 체리(p.79)와 동일. 면실의 매듭은 아래로 한다.

실 자르는 기준

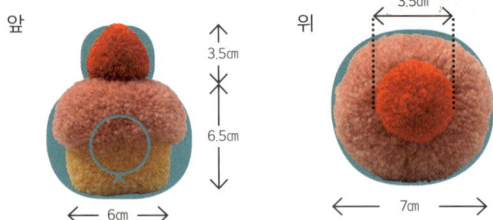

앞

3.5㎝

6.5㎝

6㎝

위

3.5㎝

7㎝

아래

6.5㎝

재료

폼폼메이커 3.5㎝(딸기), 7㎝(컵케이크)

사용하는 실
컵 : NEW 세탁이 가능한 메리노(노란색5)
크림1 : 세탁이 가능한 합태사(오프화이트1)
크림2 : 세탁이 가능한 합태사(분홍색6)
딸기 : NEW 세탁이 가능한 메리노(빨간색9)

만드는 법

1 컵은 도안과 같이 실을 감아 7㎝의 폼폼을 만든다. 폼폼메이커에서 꺼내 모양을 대충 정돈한다.
2 면실은 짧게 자르고, 컵과 크림은 실의 길이를 달리한다(p.50 참고).
3 컵 부분은 아래 사진을 참고하여 자른다. ▶ point①
4 크림은 동그란 모양이 되도록 위에서 보면서 자른다.
5 딸기는 해당 실로 3.5㎝의 폼폼을 만든 다음, 아래 사진을 참고하여 딸기 모양이 되도록 자른다.
6 케이크 위에 딸기를 본드로 붙인다.

point①

컵은 크림보다 약간 짧게 잘라 길이에 차이를 준다. 크림이 동그랗게 되는지 정면에서 모양을 확인하며 자른다. 바닥은 평평하게 자른다.

아이스크림 *p.32*

패턴 p.93

재료

폼폼메이커　3.5㎝
사용하는 실
싱글 : 마마아무POP(흰색35), 마마아무POP(분홍색34)
더블 : 마마아무POP(오렌지31), 마마아무POP(파란색33)
기타 재료
펠트(황토색) 7×11㎝, 솜 적당량

실 감기 도안

• 1줄
• Ⓐⓑ 동일

면실의 매듭(아래)
Ⓐ 위 / Ⓑ 아래

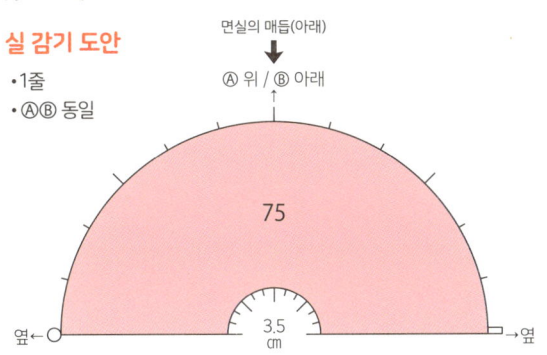

75

3.5 ㎝

옆 ←　→ 옆

만드는 법(동일)

1 도안과 같이 실을 감아 3.5㎝의 폼폼을 만든다. 싱글은 1개, 더블은 2개의 폼폼을 만든다.

2 폼폼메이커에서 꺼내 모양을 대충 정돈한 뒤, 동그란 모양이 되도록 면실을 짧게 자른다. 더블은 위에 면실을 남긴다.

3 더블을 만들 때는 폼폼을 연결한다(p.52-A 참고).

4 콘을 만든다. 펠트를 패턴에 맞춰서 자른 뒤, 한쪽 면에 본드를 발라 핀셋으로 콘 모양을 만들어 붙인다. ▶ point①

5 4의 콘 안에 솜을 채우되 5㎜쯤 공간을 남기고, 테두리와 콘 안쪽, 솜에 본드를 발라 폼폼을 얹어 붙인다. ▶ point②

실 자르는 기준

앞

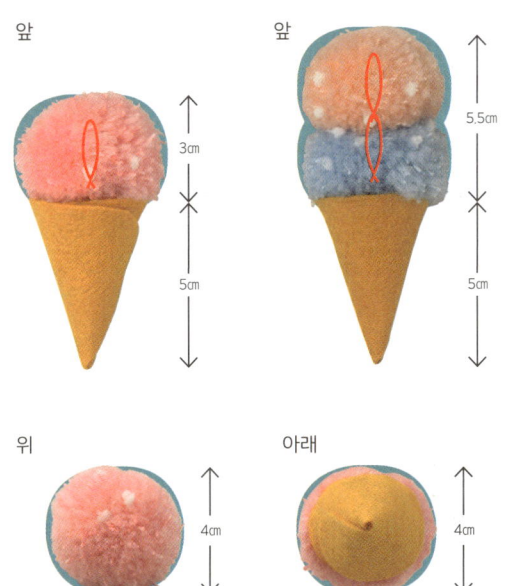

3㎝

5㎝

앞

5.5㎝

5㎝

위

4㎝

4㎝

아래

4㎝

point①

패턴을 따라 접는 부분(패턴의 ★)을 표시한다. 본드를 발라 핀셋으로 끝을 누르면서, 표시에 맞춰 펠트를 접는다.

원뿔 모양으로 말아 붙인다.

point②

아이스크림과 콘이 떨어지지 않도록 세 군데(테두리, 콘 안쪽의 옆면, 솜)에 본드를 바른다.

사과 달린 연필 *p.33*

실 감기 도안

- 2줄
- Ⓐ Ⓑ 동일

면실의 매듭

Ⓐ 옆 Ⓑ

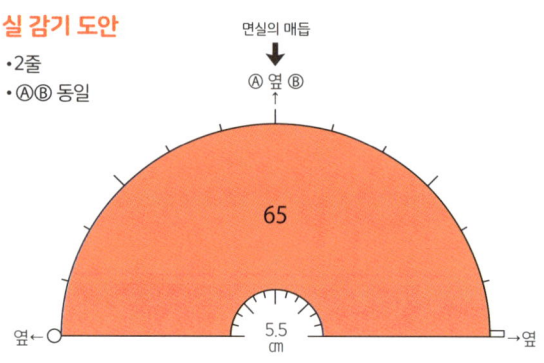

65

옆 ○ — 옆 ○

5.5
㎝

실물 크기 패턴

(p.75 사과와 동일)

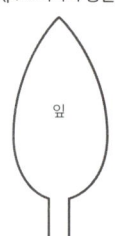

잎

실 자르는 기준

앞

위

3.5㎝

3.5㎝

4㎝

재료

폼폼메이커
5.5㎝

사용하는 실
NEW 세탁이 가능한 메리노
(빨간색9)

기타 재료
잎 : 펠트(연두색) 4×2.5㎝
꼭지 : 장식용 끈(갈색) 5㎝
연필

만드는 법

1 도안과 같이 실을 감아 5.5㎝의 폼폼을 만든다. 폼폼메이커 중심에 연필을 넣어 연필과 실을 한꺼번에 면실로 묶는다. ▶ **point①**

2 폼폼메이커에서 꺼내 모양을 대충 정돈한다. 연필 옆에 끈을 꽂아 본드로 붙인다. ▶ **point②** 사과 아랫부분의 실을 헤치고 깊숙이 본드를 발라 연필과 주변의 실을 붙인다. 아래 사진을 참고하여 폼폼을 잘라서 모양을 정돈하고, 끈을 적당한 길이로 자른다.

3 펠트를 잎 패턴에 맞춰서 잘라 끈 옆에 본드로 붙인다.

point①

폼폼을 묶을 때 연필과 같이 묶는다. 폼폼메이커 날개에서 뺄 때 연필이 빠지지 않도록 조심한다.

point②

연필 옆에 끈을 꽂아서 본드로 붙인다.

일본 설 찹쌀떡 *p.34*

실 감기 도안

재료

폼폼메이커　3.5㎝(귤), 5.5㎝(상단 찹쌀떡), 9㎝(하단 찹쌀떡)

사용하는 실
귤 : 졸리 타임 II(오렌지30)
찹쌀떡 : NEW 세탁이 가능한 메리노(흰색1)

기타 재료　잎 : 펠트(연두색) 2×4㎝

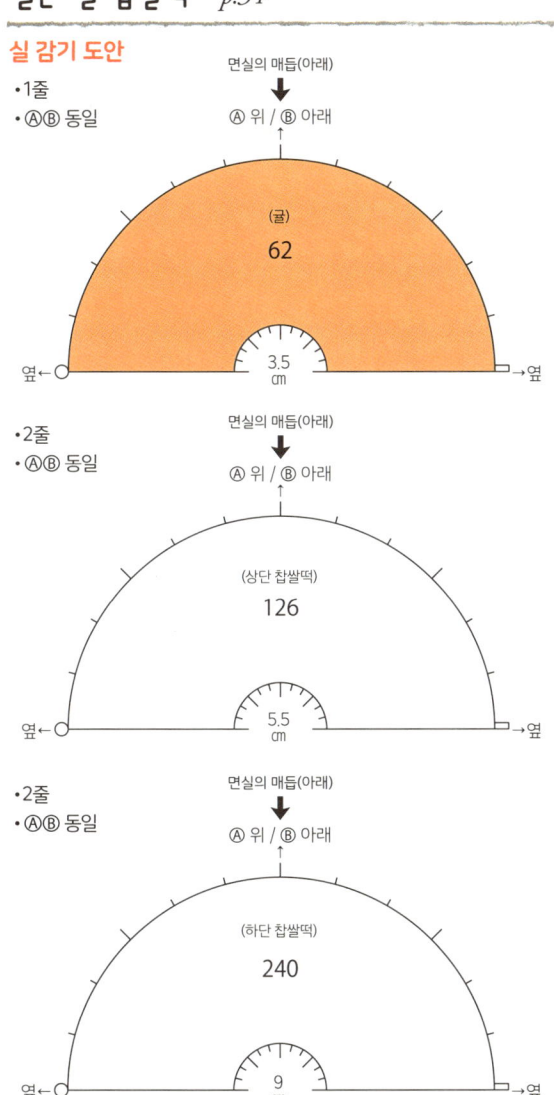

•1줄
•Ⓐ Ⓑ 동일

면실의 매듭(아래)
↓
Ⓐ 위 / Ⓑ 아래
↑

(귤)
62

3.5 ㎝

옆 ←○　　　　　　　　　○→ 옆

•2줄
•Ⓐ Ⓑ 동일

면실의 매듭(아래)
↓
Ⓐ 위 / Ⓑ 아래
↑

(상단 찹쌀떡)
126

5.5 ㎝

옆 ←○　　　　　　　　　○→ 옆

•2줄
•Ⓐ Ⓑ 동일

면실의 매듭(아래)
↓
Ⓐ 위 / Ⓑ 아래
↑

(하단 찹쌀떡)
240

9 ㎝

옆 ←○　　　　　　　　　○→ 옆

만드는 법(동일)

1 도안과 같이 실을 감아 3.5㎝, 5.5㎝, 9㎝의 폼폼을 각각 만든다. 폼폼메이커에서 꺼내 모양을 대충 정돈하고 아래 사진을 참고하여 폼폼을 자른다.

2 귤(3.5㎝), 상단 찹쌀떡(5.5㎝), 하단 찹쌀떡(9㎝) 순으로 연결한다(p.52-A 참고). ▶ point①

3 펠트를 잎 패턴에 맞춰서 잘라 귤 중앙에 본드로 붙인다.

point①

귤(3.5㎝)과 상단 찹쌀떡(5.5㎝)을 연결할 때는 돗바늘을 사용하고, 하단 찹쌀떡(9㎝)은 코바늘로 면실을 빼내 연결한다.

실 자르는 기준

앞
← 4㎝ →

6㎝

8.5㎝

3㎝
4㎝
5.5㎝

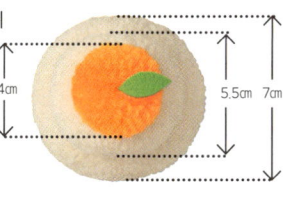

위
4㎝
5.5㎝ 7㎝

실물 크기 패턴

잎

2가지 꽃 *p.35*

오각형 표시 p.95

재료

폼폼메이커 3.5㎝

사용하는 실
꽃A : 세탁이 가능한 합태사(연두색13, 연하늘색10, 청록색11)
꽃B : 폼폼 털실(흰색41, 분홍색48)

기타 재료
꽃A : 진주 비즈(3㎜) 5개, 낚싯줄 12㎝
꽃B : 진주 비즈(6㎜) 1개

실 감기 도안

• 1줄
• ⒶⒷ 동일

면실의 매듭
Ⓐ 옆 Ⓑ

(꽃A)
44

옆← 3.5 ㎝ →옆

• 1줄
• ⒶⒷ 동일

면실의 매듭
Ⓐ 옆 Ⓑ

(꽃B)
40

옆← 3.5 ㎝ →옆

만드는 법(꽃A)

1 도안과 같이 실을 감아 3.5㎝의 폼폼을 만든다. 폼폼메이커에서 꺼내 모양을 대충 정돈한다. 면실은 짧게 자른다.
2 면실의 고리에 본드를 조금 발라, 면실이 보이지 않도록 실을 붙인다. 아래 사진을 참고하여 폼폼을 자른다.
3 낚싯줄에 비즈를 꿰어 비즈 장식을 만든다. ▶ point①
4 비즈 장식을 꽃 중심에 본드로 붙인다. 취향에 따라 꽃의 중앙에 비즈 한 알만 붙여도 된다.

만드는 법(꽃B)

1 도안과 같이 실을 감아 3.5㎝의 폼폼을 만든다. 폼폼메이커에서 꺼내 모양을 대충 정돈한다. 면실은 짧게 자른다.
2 면실의 매듭과 그 주변을 펠트용 바늘로 찔러 단단하게 만든다.
3 펠트용 바늘로 찔러 꽃잎 라인을 만든다. ▶ point②
4 가로로 꽃잎 5장이 있는 꽃 모양으로 자른다.
5 꽃잎 중심에 비즈를 본드로 붙인다.

실 자르는 기준

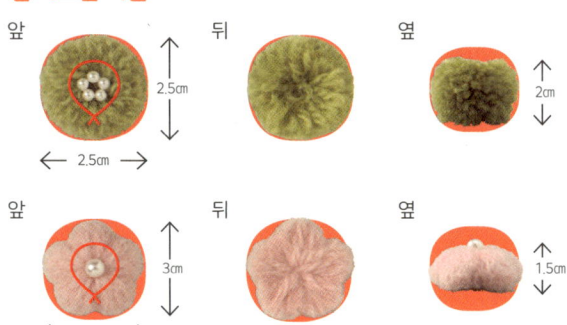

앞 2.5㎝ 2.5㎝
뒤
옆 2㎝

앞 3㎝ 3㎝
뒤
옆 1.5㎝

point①

 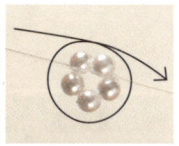

낚싯줄에 비즈를 꿰어 고리를 만든 뒤 단단히 묶어 매듭에 본드를 바른다. 한쪽 낚싯줄을 옆 비즈에 통과시켜 매듭을 비즈 안에 숨긴다. 본드가 마르면 낚싯줄을 짧게 자른다.

point②

오각형 표시(p.95 참고)에 맞춰 펠트용 바늘로 꽃잎 라인을 넣는다.

하트 *p.34*

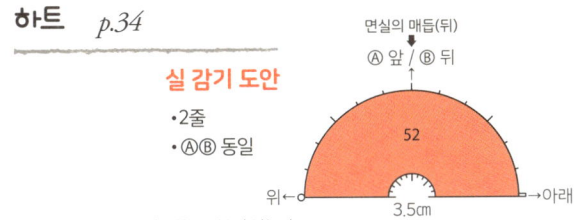

실 감기 도안

- 2줄
- Ⓐⓑ 동일

위 ○← / →아래
3.5㎝
52

면실의 매듭(뒤)
Ⓐ 앞 / Ⓑ 뒤

※ 분홍색은 Ⓐⓑ 동일, 2줄로 102번 감는다.

재료

폼폼메이커 3.5㎝
사용하는 실
NEW 세탁이 가능한 메리노(빨간색9)
순모중세사(분홍색57)

만드는 법(동일)

1 도안과 같이 실을 감아 3.5㎝의 폼폼을 만든다. 폼폼메이커에서 꺼내 모양을 대충 정돈한다.
2 아래 사진을 참고하여 폼폼을 자른다. ▶ point①

point①

하트 모양이 되도록 실을 자른다. 들어간 부분을 펠트용 바늘로 가볍게 찌른다. 펠트용 바늘로 찌르면 실이 풀어지지 않아 깔끔하게 모양을 완성할 수 있다.

실 자르는 기준

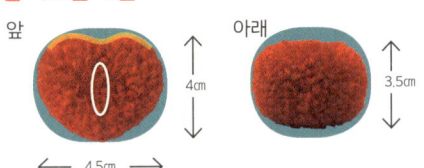

앞
4㎝
4.5㎝

아래
3.5㎝

눈 토끼 *p.34*

패턴 p.95

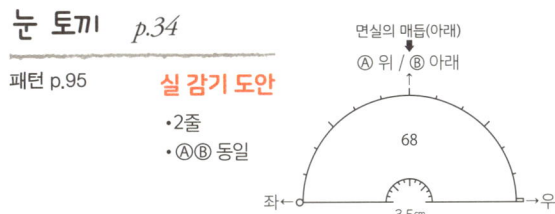

실 감기 도안

- 2줄
- Ⓐⓑ 동일

좌 ○← / →우
3.5㎝
68

면실의 매듭(아래)
Ⓐ 위 / Ⓑ 아래

재료

폼폼메이커 3.5㎝
사용하는 실 폼폼 털실(흰색41)
기타 재료 눈 : 나사형 눈(4㎜ 빨간색) 2개
귀 : 펠트(연두색) 4×4㎝

만드는 법

1 도안과 같이 실을 감아 3.5㎝의 폼폼을 만든다. 폼폼메이커에서 꺼내 모양을 대충 정돈한다.
2 아래 사진을 참고하여 타원형이 되도록 실을 자른다. 바닥은 평평하게 자른다.
3 눈 위치를 결정하여 본드로 붙인다(p.44 참고).
4 펠트를 귀 패턴에 맞춰서 잘라 귀 위치에 본드로 붙인다. ▶ point①

point①

귀는 팔(ㅅ)자 모양이 되도록 붙인다.

실 자르는 기준

앞
4㎝

뒤
3㎝

옆
4.5㎝

위

아래

핼러윈 호박 *p.35*

실 감기 도안
- 2줄
- Ⓐ Ⓑ 동일

면실의 매듭(아래)
Ⓐ 위 / Ⓑ 아래

뒤← 120 ←앞

5.5㎝

재료

폼폼메이커 5.5㎝	**기타 재료**
사용하는 실	꼭지 : 펠트(진초록) 4.5×4.5㎝
NEW 세탁이 가능한 메리노 (오렌지11)	눈, 코, 입 : 펠트(검은색) 6×4㎝

실 자르는 기준

앞

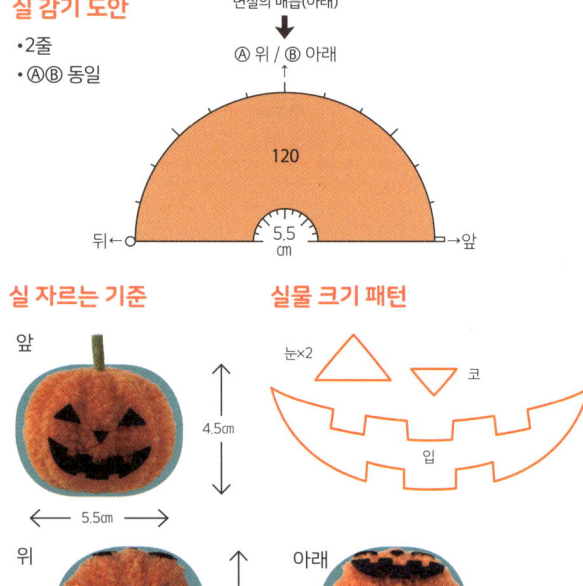

4.5㎝

← 5.5㎝ →

위

아래

5㎝

실물 크기 패턴

눈×2

코

입

만드는 법
1 도안과 같이 실을 감아 5.5㎝의 폼폼을 만든다. 폼폼메이커에서 꺼내 모양을 대충 정돈한다.
2 왼쪽 사진을 참고하여 폼폼을 자른다. ▶ point①
3 펠트를 각 패턴에 맞춰서 자른다. 자른 눈, 코, 입은 본드로 붙인다.
4 꼭지는 1×3㎝ 사각형으로 3장 잘라 겹쳐서 본드로 붙인다. 본드가 마르면 모서리를 잘라 원통형으로 만들고, 폼폼 윗부분에 본드로 붙인다.

point①

시침핀을 중심(꼭지 위치)에 꽂아 호박의 위아래를 구분해놓고, 호박 옆면의 실을 잘라 움푹 들어간 모양을 만든다. 한 줄 자른 다음, 36°(1/10) 옆으로 돌려 자르면 된다. 이를 반복하여 10군데 움푹한 선을 만든다.

실 감기 도안

삼색 고양이

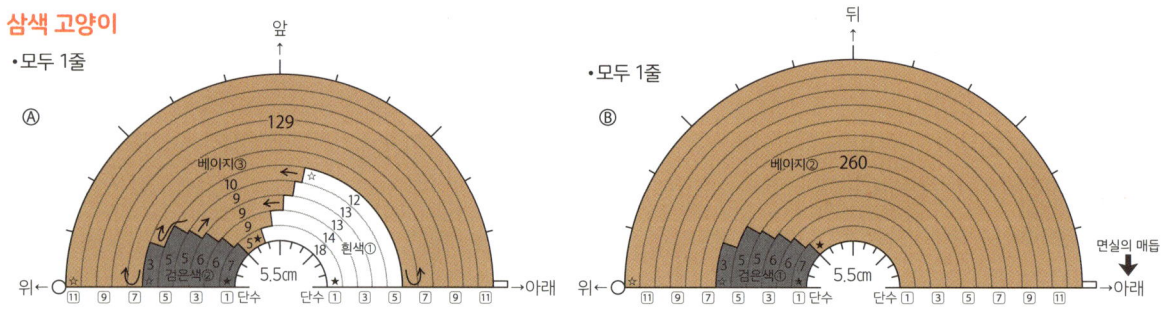

- 모두 1줄

Ⓐ

앞

129

베이지③
10
9
9
9
5★

12
13
13
14
18 흰색①

3 5 5 6 6 7
검은색② 1
5.5㎝

위← ⑪ ⑨ ⑦ ⑤ ③ ① 단수 단수 ① ③ ⑤ ⑦ ⑨ ⑪ →아래

Ⓑ

뒤

베이지② 260

3 5 5 6 6 7
검은색① 1
5.5㎝

위← ⑪ ⑨ ⑦ ⑤ ③ ① 단수 단수 ① ③ ⑤ ⑦ ⑨ ⑪

면실의 매듭

→아래

- 모두 1줄

갈색 고양이

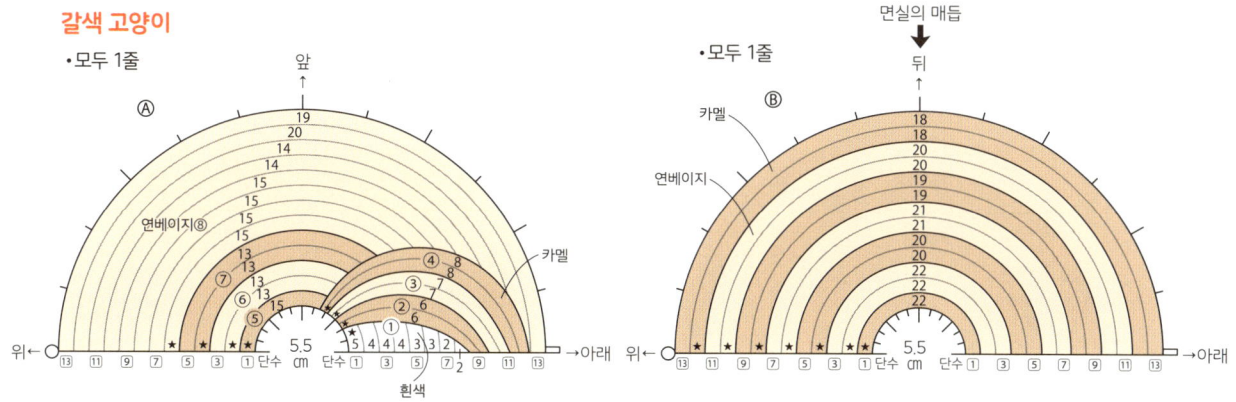

Ⓐ
• 모두 1줄

연베이지⑧
카멜
19 20 14 14 15 15 15 15 13 13 13 15
④8 8 ⑦7 ②6 6 ⑥ ⑤15 ③
흰색

위← 13 11 9 7 5 3 1 단수 5.5cm 단수 ① ③ 3 3 2
5 4 4 4 3 3 3 2
5 9 11 13 →아래

Ⓑ
• 모두 1줄

면실의 매듭 ↓
뒤 ↑

카멜
연베이지
18 18 20 20 19 19 21 21 20 20 22 22 22

위← 13 11 9 7 5 3 1 단수 5.5cm 단수 1 3 5 7 9 11 13 →아래

펭귄

(머리)
• 1줄 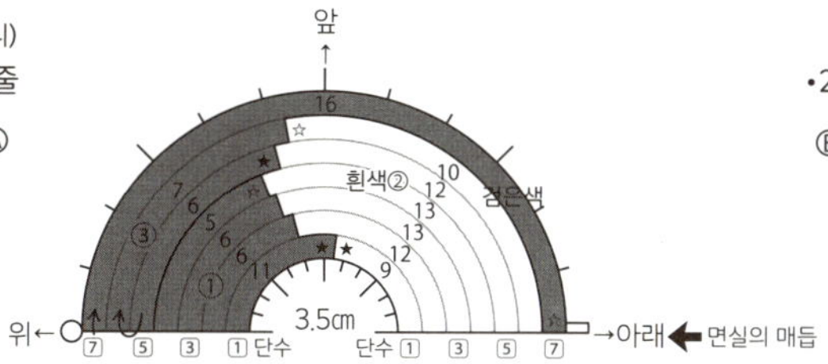
Ⓐ
앞 ↑

16 ☆
흰색②
검은색
7 6 7 7
③ 13 12 13 12
① 6 1 9

위← 7 5 3 1 단수 3.5cm 단수 1 3 5 7 →아래 ← 면실의 매듭

(머리)
• 2줄
Ⓑ
뒤 ↑

검은색
66

위← 3.5cm →아래 ← 면실의 매듭

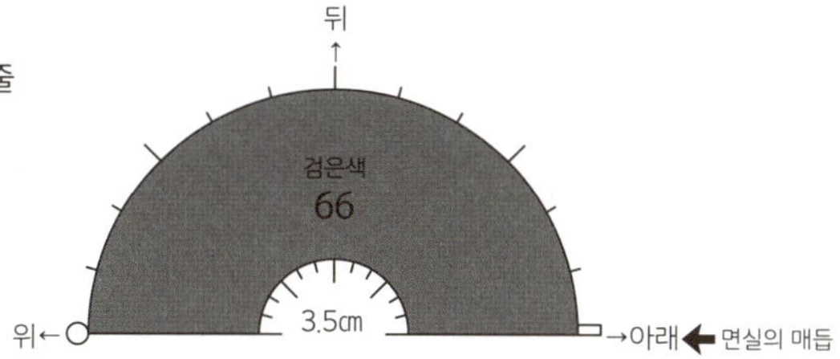

(몸통)
• 2줄 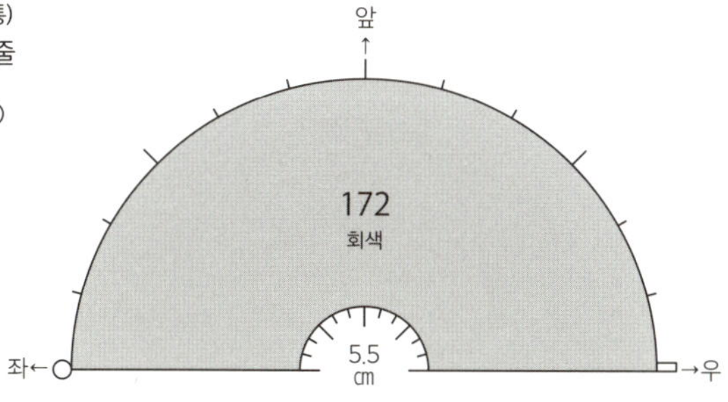
Ⓐ
앞 ↑

172
회색

좌← 5.5cm →우

(몸통)
• 2줄
Ⓑ
면실의 매듭 ↓
뒤 ↑

180
흰색

좌← 5.5cm →우

91

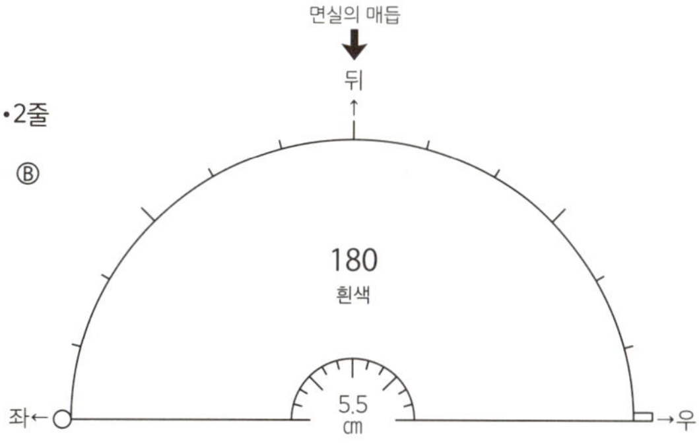

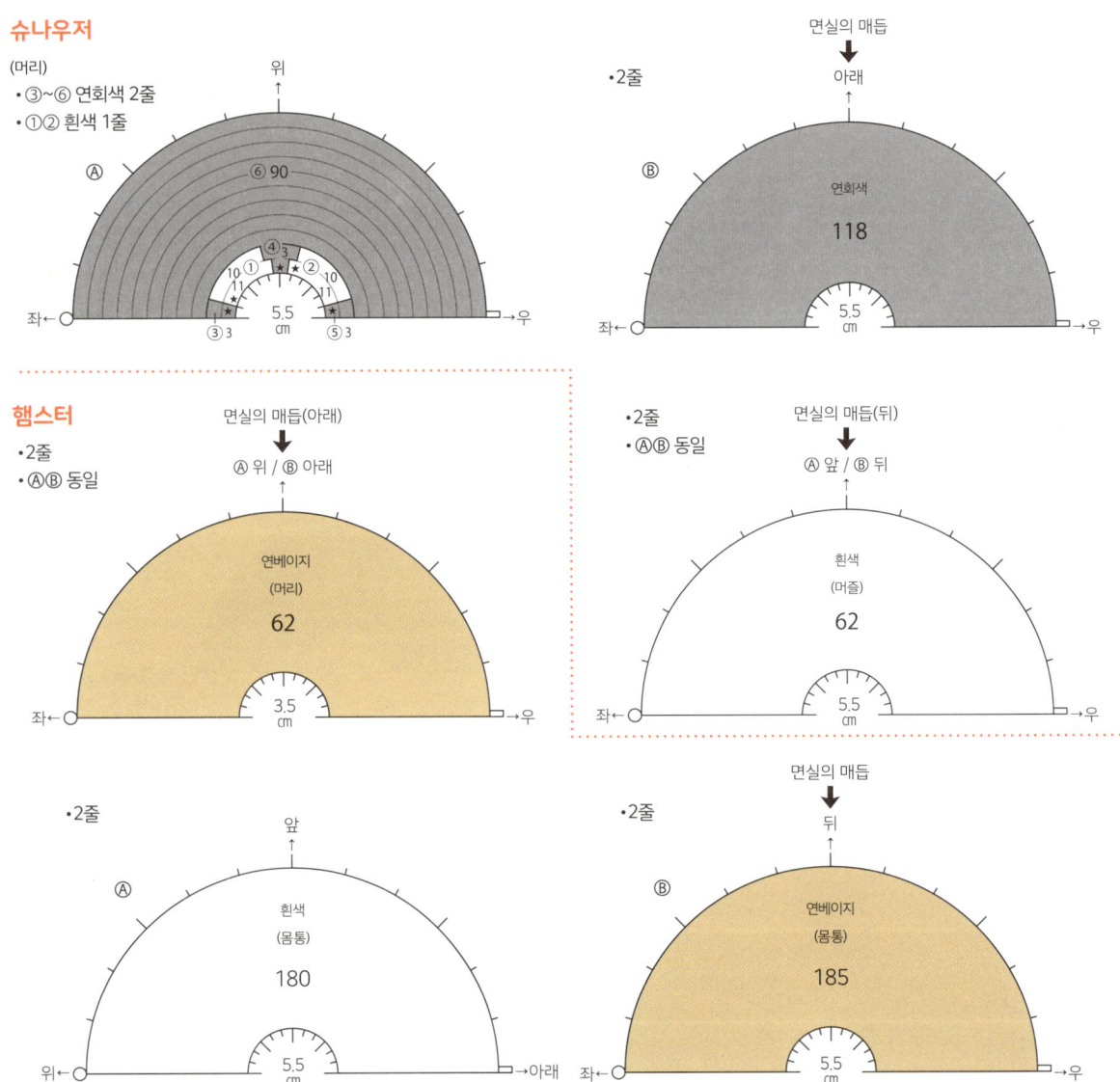

슈나우저

(머리)
- ③~⑥ 연회색 2줄
- ①② 흰색 1줄

Ⓐ

위

⑥ 90

④ 3

10 ① ★ ★ ② 10
11 ★ ★ 11
  ★ ★
5.5
cm

좌 ○→

우 →

③ 3   ⑤ 3

•2줄

면실의 매듭

아래

Ⓑ

연회색

118

5.5
cm

좌 ○→

우 →

햄스터

•2줄
•ⒶⒷ 동일

면실의 매듭(아래)

Ⓐ 위 / Ⓑ 아래

연베이지

(머리)

62

3.5
cm

좌← ○

우 →

•2줄
•ⒶⒷ 동일

면실의 매듭(뒤)

Ⓐ 앞 / Ⓑ 뒤

흰색

(머즐)

62

5.5
cm

좌← ○

우 →

•2줄

앞

Ⓐ

흰색

(몸통)

180

5.5
cm

위← ○

아래 →

•2줄

면실의 매듭

뒤

Ⓑ

연베이지

(몸통)

185

5.5
cm

좌← ○

우 →

실물 크기 패턴

양모펠트나 펠트로 만드는 귀, 부리 등의 패턴입니다.

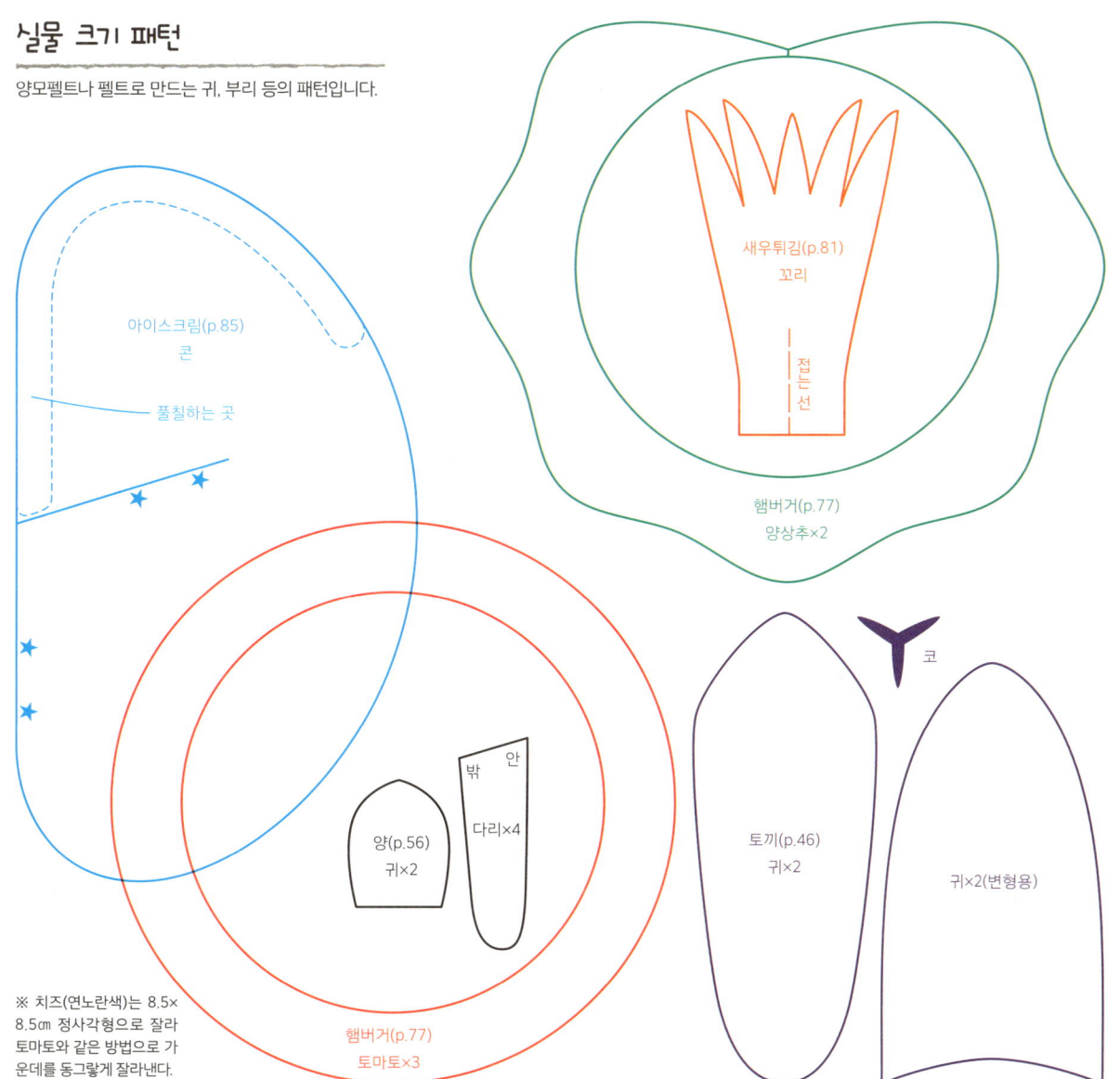

아이스크림(p.85)
콘

풀칠하는 곳

새우튀김(p.81)
꼬리

접는 선

햄버거(p.77)
양상추×2

양(p.56)
귀×2

밖 안
다리×4

코

토끼(p.46)
귀×2

귀×2(변형용)

햄버거(p.77)
토마토×3

※ 치즈(연노란색)는 8.5×
8.5㎝ 정사각형으로 잘라
토마토와 같은 방법으로 가
운데를 동그랗게 잘라낸다.

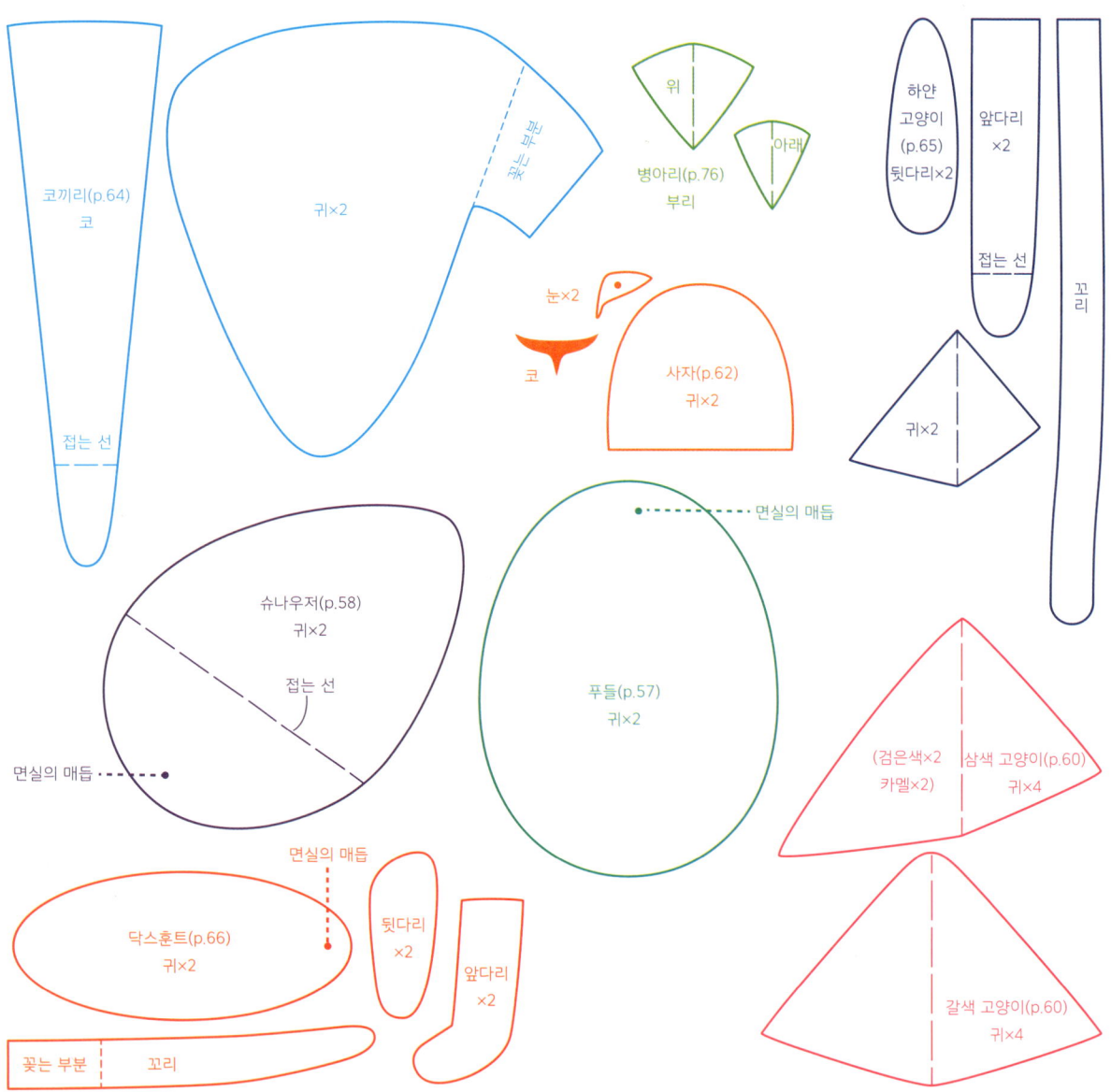

코끼리(p.64)
코

귀×2

꽃는선

위

아래

병아리(p.76)
부리

하얀
고양이
(p.65)
뒷다리×2

앞다리
×2

접는 선

꼬리

눈×2

코

사자(p.62)
귀×2

귀×2

접는 선

면실의 매듭

슈나우저(p.58)
귀×2

접는 선

푸들(p.57)
귀×2

면실의 매듭

(검은색×2
카멜×2)

삼색 고양이(p.60)
귀×4

면실의 매듭

닥스훈트(p.66)
귀×2

뒷다리
×2

앞다리
×2

갈색 고양이(p.60)
귀×4

꽂는 부분

꼬리

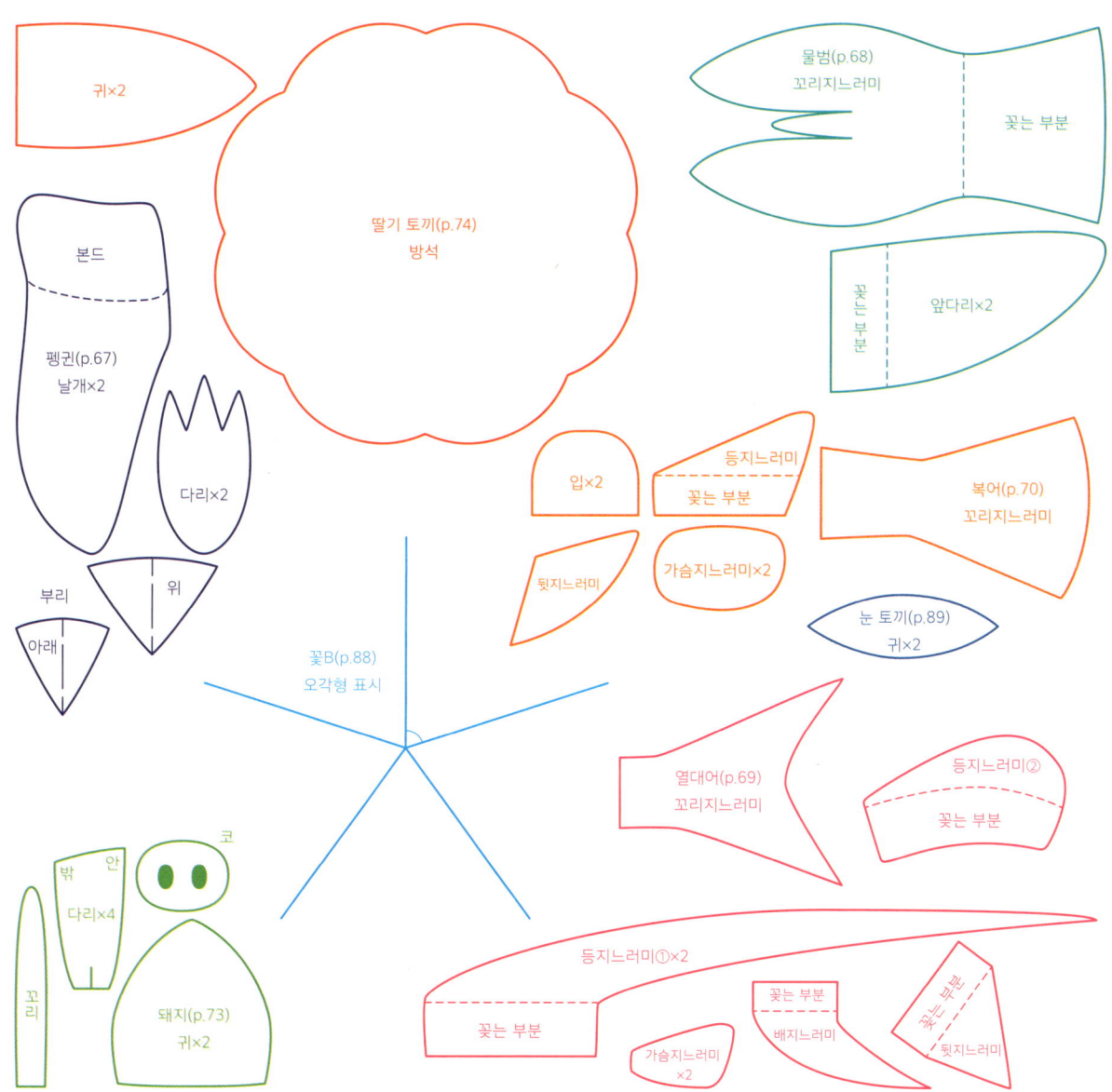

귀×2

딸기 토끼(p.74)
방석

물범(p.68)
꼬리지느러미

꽂는 부분

본드

펭귄(p.67)
날개×2

다리×2

꽂는 부분

앞다리×2

부리

위

아래

입×2

등지느러미

꽂는 부분

복어(p.70)
꼬리지느러미

뒷지느러미

가슴지느러미×2

눈 토끼(p.89)
귀×2

꽃B(p.88)
오각형 표시

열대어(p.69)
꼬리지느러미

등지느러미②

꽂는 부분

코

밖 안

다리×4

꼬리

돼지(p.73)
귀×2

등지느러미①×2

꽂는 부분

꽂는 부분

꽂는 부분

배지느러미

뒷지느러미

꽂는 부분

가슴지느러미
×2

95

지은이 이토 카즈코(코이토)

일본 가나가와현에 살고 있는 공예 작가입니다. 일본의 'tetote 핸드메이드 어워드', 'Craft Cafe 소잉 콘테스트' 등 수많은 콘테스트에서 상을 받았으며, 다수의 폼폼 제작 관련 도서를 감수했습니다.

인스타그램 @koitoiro

옮긴이 고심설

일본에서 태어나 효고현 무코가와대학을 졸업해, 연세대학교 언어교육연구원에서 한국어를 연수했습니다. 무역회사에서 한일 담당 통역과 번역 작업을 한 후, 한국에 들어와 주재원으로 일했습니다. 현재는 손뜨개 디자인과 도서 번역을 함께하고 있으며, 번역한 도서로는《보태니컬 입체 자수, The Secret Garden》,《자수로 그리는 작은 모티브》,《사랑스런 코바늘 손뜨개 소품》,《가방과 파우치 만들기》가 있습니다.

보송보송 폼폼
동물 마스코트

1판 1쇄 펴냄   2018년 2월 23일

지은이   이토 카즈코
옮긴이   고심설
펴낸이   하진석
펴낸곳   참돌

주 소   서울시 마포구 독막로3길 51
전 화   02-518-3919
팩 스   0505-318-3919
이메일   book@charmdol.com
신고번호   제313-2011-228호
신고일자   2011년 8월 11일

ISBN   979-11-88601-05-9 13630

"Pom Pom de Tsukuru Dobutsu to Motif" by Kazuko Ito
Copyright ⓒ Kazuko Ito 2017
All rights reserved.
First published in Japan by NIHONBUNGEISHA,
Co., Ltd., Tokyo

This Korean edition published by arrangement
with NIHONBUNGEISHA Co., Ltd., Tokyo
in care of Tuttle-Mori Agency, Inc., Tokyo through
Botong Agency, Seoul.